Abū Ḥāmid al-Ghazālī,
Über Intention, reine Absicht und Wahrhaftigkeit

Buch XXXVII
der Wiederbelebung
der Religionswissenschaften
(*Iḥyāʾ ʿulūm ad-dīn*)

إحياء علوم الدين

للإمام الغزالي

Vorsicht! Sufismus !!!

AL-GHAZĀLĪ
ÜBER INTENTION, REINE ABSICHT UND WAHRHAFTIGKEIT

Kitāb an-niyyah wa l-ikhlāṣ wa ṣ-ṣidq. – Das 37. Buch der *Iḥyā' 'ulūm ad-dīn*

Übersetzt und kommentiert von HANS BAUER

Die Cyprus Library
Centre for the Registration of Books and Serials
verzeichnet das folgende Werk unter der

ISBN 978–9963–040–049–2

Ursprünglich erschienen als
Islamische Ethik, Heft I,
„Über Intention, reine Absicht und Wahrhaftigkeit“,
(Das 37. Buch von al-Ghazālīs Hauptwerk),
Verlag von Max Niemeyer, Halle a. S. 1916.
A. d. Arabischen übersetzt und erläutert von
HANS BAUER

1. Auflage 2010
ISBN 978–9963–040–049–2

Druck: Alföldi Printing House, Ungarn.

Inhalt

Vorwort des Herausgebers 7
Vorwort des Übersetzers 11
Einleitung 19

ERSTER TEIL

Von der Intention

1. Die Vortrefflichkeit der Intention (Absicht) 25
   Schriftstellen und Traditionen vom Propheten 25
   Überlieferungen (*āthār*) 31

2. Wesen der Intention (Absicht) 33

3. Über den eigentlichen Sinn des Ausspruches des Hochgebenedeiten: „Die Absicht des Gläubigen ist besser als sein Tun." 39

4. Inwiefern die verschiedenen Handlungen von der Absicht abhängen ... 46
   a) Die schlechten Handlungen 47
   b) Die guten Handlungen 53
   c) Die erlaubten Handlungen 56

5. Die Intention läßt sich nicht willkürlich erwecken 64

ZWEITER TEIL

Die reine Absicht, ihre Bedeutung, ihr Wesen und ihre Grade

1. Der hohe Wert der reinen Absicht 77

2. Wesen der reinen Absicht 87

3. Aussprüche von Geistesmännern über die reine Absicht 95

4. Über die verschiedenen Grade der Beimischungen und Mängel, welche die reine Absicht trüben 99

5. Wie die „gemischten“ Handlungen zu beurteilen sind und inwieweit sie eine Belohnung verdienen 105

DRITTER TEIL

Die Wahrhaftigkeit, ihr hoher Wert und ihr Wesen

1. Der hohe Wert der Wahrhaftigkeit 115

2. Wesen der Wahrhaftigkeit, ihre Bedeutung und ihre Stufen 119

بسم الله الرحمن الرحيم

Vorwort des Herausgebers

MIT DEM VORLIEGENDEN TITEL wollen wir die Reihe der Herausgabe jener „Wiederbelebung der Religionswissenschaften“[1] – *Iḥyā' 'ulūm ad-dīn* –, des 40 Bücher umfassenden Hauptwerks Abū Ḥāmid Muḥammad al-Ghazālīs fortsetzen[2], das seit 900 Jahren zu den wichtigsten Werken der islamischen Tradition zählt und sich wie kein zweites unter den Muslimen auf der ganzen Welt größter Wertschätzung[3] erfreut.

Das Buch über „Intention, reine Absicht und Wahrhaftigkeit“ (*kitāb an-niyyah wa l-ikhlāṣ wa ṣ-ṣidq*[4]), ein strahlender Stern am

1 Dazu, daß der Titel „Wiederbelebung (Hans Bauer: „Neubelebung“) der Religions*wissenschaften*“ nicht unproblematisch ist, vgl. AL-GHAZĀLĪ, *Das Buch der Ehe*, Kandern 2005, S. 7, Anm. 1.

2 Vgl. unsere erste Ausgabe: AL-GHAZĀLĪ, *Das Buch der Ehe. Kitāb ādābi n-nikāḥ. Das 12. Buch der Iḥyā' 'ulūm ad-dīn.* Übersetzt und kommentiert von Hans Bauer. Neu hrsg. von Salīm Spohr, Kandern i. Schwarzwald 2005.

3 Für wie wichtig das in einmaliger Weise quellenerschließende und -erhaltende, dogmatisch ebenso präzise wie gedanklich tiefgründige Meisterwerk des berühmten Gelehrten genommen zu werden verdient, zeigt sich in schöner Klarheit am Falle des bekannten Predigers und ḥanbalitischen Rechtsgelehrten IBN AL-JAUZĪ aus Baghdad, der etwa 70 Jahre nach al-Ghazālī dessen Werk zunächst zwar aufs heftigste attackierte, nach einiger Beschäftigung mit ihm dann aber so weit ging, selbst eine Kurzfassung davon unter dem Titel *Minhāj al-qaṣidīn* mit der Bemerkung herauszugeben, das Werk al-Ghazālīs sei so wichtig, daß man nicht darauf verzichten könne. Vgl. AL-GHAZĀLĪ, *Das Buch der Ehe* (s. o. Anm. 2), dort S. 7 f.

4 Diese Übersetzung des arabischen Wortlautes im Sinne des gewählten Titels ist nicht unproblematisch, weil „Intention“ ja nur der lateinische Ausdruck

Himmel des literarischen Erbes der Menschheit im allgemeinen und des der Muslime im besonderen, rückt die Grundfragen dessen in den Blick, was eine Handlung zu einer guten macht, durch welches seiner Momente sie vom Herrn der Universen akzeptiert, ja geliebt wird und was es ist, wodurch wir als Handelnde zu wahren Menschen werden, mit einer Ehre bekleidet, die von den Himmeln kommt.

Gute tausend Jahre bevor der deutsche Philosoph Immanuel Kant mit dem *guten Willen* die Absicht als das wesentliche Kriterium der Moralität einer Handlung erkannte, war dieses allesentscheidende Prinzip jeden Tuns und (intendierten) Lassens von Sayyidinā Muḥammad ﷺ, dem Propheten des Islams, der Menschheit verkündet worden.

Er berichtet beispielsweise (vgl. u. S. 26), daß, wenn die Engel dem Herrn der Welten Berichte über gute Werke eines Menschen auf versiegelten Blättern vorlegen, dieser oftmals sagt: „Werft dieses Blatt weg, denn er hat mit dem, was darauf steht, nicht mein Antlitz gesucht." Und Er befiehlt: „Schreibt für ihn das und das an, schreibt für ihn das und das an!" Ihrem Einwand: „Aber, o Herr, er hat ja von dem gar nichts getan." tritt Er mit den Worten entgegen: „Aber er hat es gewollt". Und wenn der Prophet, auf dem der Friede sei, angesichts dessen, daß zwei voller Haß gegeneinander mit dem Schwerte kämpfen und einer den anderen tötet, seinen Leuten erklärt, daß auf beide das Höllenfeuer warte, und den Widerspruch eines Gefährten, „Aber der eine hat doch den anderen nicht getötet" mit den Worten quittiert, „aber er

für etwas ist, das wir im Deutschen Absicht nennen, wir damit eigentlich im Titel zweimal die „Absicht" haben, einmal mit dem Attribut „rein" versehen. Zur Vermeidung einer solchen, mit Hilfe des Lateinischen nur verschleierten, Äquivokation hätten sich auch „Absicht", „reine Gesinnung" und „Aufrichtigkeit" angeboten.

hat es gewollt", dann wirft das ein Schlaglicht auf eine Einsicht, deren umwerfende Klarheit uns bis heute belehrt und bewegt.

Imam Ghazālī hat mit vorliegendem Werk das vom Propheten hinterlassene Erbe zu einer Form zusammengebracht, die es für jeden Muslim und jene, die von einer entscheidenden Grundfrage unserer Existenz berührt wurden, und alle wahren Philosophen nicht bloß zu einer unverzichtbaren Lektüre macht, sondern, weit mehr, die Sehnsucht nach dem erweckt und befördert, das uns in diesem und jenem Leben unser Glück erlangen läßt.

EIN WORT ZUR EDITION DES TEXTES: Der Text erschien ursprünglich als Islamische Ethik, Heft I, „Über Intention, reine Absicht und Wahrhaftigkeit", (Das 37. Buch von al-Ghazālīs Hauptwerk),[5] Verlag von Max Niemeyer, Halle a. S. 1916, in der Übersetzung aus dem Arabischen und mit Erläuterungen von HANS BAUER.

Der Gesamttext der Übersetzung Hans Bauers wurde im wesentlichen in Wortlaut, Orthographie und Interpunktion beibehalten. Zwei von ihm selbst angeregte Berichtigungen wurden ausgeführt (*mubāḥāt* S. 46, *Ḥaurān* S. 84) und Koranverweise der heute üblichen Zählweise angepaßt. Das vom Übersetzer benutzte Transliterationsystem arabischer Wörter, das mit zwei Ausnahmen[6] dem heutigen der Deutschen Morgenländischen Gesellschaft entspricht, wurde durch das in unserem Hause gepflegte engli-

5 Der zweite Text in Heft I ist: „Erlaubtes und verbotenes Gut. Das 14. Buch von Al-Ghazālīs Hauptwerk", Halle 1922. Heft II enthält das bereits erwähnte „Von der Ehe. Das 12. Buch von Al-Ghazālīs Hauptwerk", Halle a. S. 1917.

6 Das als jim sehr verbreitete „j" wurde von ihm zur Kennzeichnung des ya benutzt, was heute große Verwirrung stiften muß. Ein gelegentlich ersatzweise für „q" gebrauchtes „ḳ" wurde durchgehend durch jenes ersetzt.

sche System ersetzt, für dessen Verwendung auch im deutschen Sprachraum gute Argumente sprechen.[7]

Ein Wort zu den *ṣalawāt*: Bei der Neuherausgabe dieses Werks abendländischer Gelehrsamkeit wurde von einer nachträglichen Einfügung der unter Muslimen beliebten Eulogien[8] abgesehen, zumal der muslimische Leser, so Gott will, bei der Erwähnung des Propheten, auf dem Gottes Segen ruhe, oder eines seiner Gefährten, Allah sei zufrieden mit ihnen allen, ohnehin von sich aus einen entsprechenden Lobpreis anfügen wird.

Wir freuen uns sehr über dieses Buch und hoffen auf eine weite Verbreitung des mit ihm verknüpften Segens.

Wa min allāh at-taufīq.

Dali, Zypern,
den 19. *Dhu l-Qaʿdah* 1431,
im Oktober 2010 SALIM SPOHR

7 Vgl.: „Dem englischen System gaben wir … vor allem seiner größeren Einfachheit wegen, aber auch deshalb den Vorzug, weil es der Phonetik der Buchstaben im Deutschen überraschenderweise viel näherkommt als jenes Kunstprodukt deutsch-morgenländischer Gelehrsamkeit, es zudem auf der ganzen Welt (vgl. die *Encyclopaedia of Islam*, Leiden 1954 ff.) verbreitet ist." (IBN ISḤĀQ, *Das Leben des Propheten*, Kandern 1999, Vorwort des Verlages, S. 19)

8 Daß die vom Übersetzer gewählten Ausdrücke des Respektes, z. B. „Gottseliger" oder „Gottgebenedeiter", aus unserer Sicht sicher auch eine Schönheit und besonderen Charme haben (vgl. die Bemerkung H. Bauers dazu, S. 16), sollte nicht unerwähnt bleiben.

Vorwort des Übersetzers

Wenn ich mir die Aufgabe gestellt habe, die wichtigsten Denkmäler der im Okzident zum allergrößten Teile noch unbekannten ethischen Literatur des Islams einem weiteren Kreise zu erschließen, so wird jeder Sachkundige es selbstverständlich finden, daß ich mit dem Hauptwerk al-Ghazālīs,[1] des *ḥujjat al-islām* (argumentum islamismi), wie er mit seinem Ehrennamen heißt, den Anfang mache. Dieser einzigartige Mann, der hervorragendste Theologe des Islam und zweifellos einer der bedeutendsten religiösen Denker aller Zeiten, hat gegen Ende des 5. Jahrhunderts der Hidschra sich innerlich berufen gefühlt, als „Erneuerer" der Religion aufzutreten, wie Gott nach muslimischer Meinung an jeder Jahrhundertwende einen erweckt.[2] Ausgerüstet mit der ganzen wissenschaftlichen Bildung seiner Zeit und zugleich mit der ṣūfischen Mystik aufs innigste vertraut, in der er nach schweren inneren Kämpfen den dauernden Seelenfrieden gefunden, verfaßte er in diesem Sinne

1 Der Algazel der Scholastik (mit dem Ton auf dem „e", eigentlich „ä", worin die arabische *Imāla*, d. i. „Neigung" des *a* zu *ä* zum Ausdruck kommt), geb. 450 (1058) zu Ṭūs in Chorasan, in der Nähe des heutigen Meschhed, gest. ebenda 505 am 14. Jumādā II (19. Dezember 1111), also ein Zeitgenosse Anselms von Canterbury, des „Vaters der Scholastik", und wie fast alle geistigen Größen im Islam seiner Herkunft nach kein Araber, son dern ein Perser. Die gesamte Literatur über ihn ist verzeichnet in D. B. Macdonalds Artikel in der *Enzyklopädie des Islām* II, 154-157. Doch steht die Ghazālī-Forschung erst in ihren Anfängen.

2 Vgl. unten S. 97 Anm. 195 und die Zeitschrift „Der Islam" IV (1913), S. 159 f.

ein Werk von 40 Büchern mit dem Titel *Iḥyā' ʿulūm ad-dīn*, „Neubelebung der Religionswissenschaften". Er gibt darin eine Art summa theologica islamica, bei der aber der Schwerpunkt in der praktischen Theologie, der Pflichten- und Tugendlehre liegt, die hier zum erstenmal richtig systematisch, dabei aber in voller Ausführlichkeit und mit Berücksichtigung aller erdenklichen Lebensverhältnisse dargestellt werden.

Das Ganze zerfällt in vier Teile, von denen der erste die religiösen Übungen (*ʿibādāt*) behandelt, der zweite die verschiedenen Lebensverhältnisse (*ʿādāt*), der dritte die Laster (eigentlich „was zum Verderben führt", *muhlikāt*) und der vierte die Tugenden („was zum Heile führt", *munjiyāt*);[3] die beiden ersten Teile beziehen sich, wie der Autor bemerkt, auf die Werke der „Glieder" (*jawāriḥ*), d. h. die äußeren Betätigungen, die beiden anderen auf die Werke des „Herzens" (*qalb*), d. h. die inneren. So besitzen wir in diesem großen Werk eine ebenso vollständige wie farbenreiche

3 Diese Einteilung berührt sich merkwürdig nahe mit der der „Sacra Parallela" (früher Ἱερά betitelt) des Johannes Damascenus, ein Werk, das „einen Überblick gibt über die gesamte Produktion der griechischen Kirche auf dem Gebiete der Ethik" (K. Holl, *Die Sacra Parallela des Johannes Damascenus*, Leipzig 1896, S. 392). Diese Sammlung war nämlich ursprünglich (in den späteren Bearbeitungen wurde die rein alphabetische Einteilung durchgeführt) in drei Bücher abgeteilt, von denen das erste über Gott und göttliche Dinge handelte, das zweite über den Menschen und die menschlichen Verhältnisse (*περὶ συστάσεως καὶ καταστάσεως ἀνθρωπίνων πραγμάτων*) das dritte über Tugenden und Laster. Doch ist diese Übereinstimmung vermutlich ein bloßer Zufall. Die arabische Literatur der *maḥāsin* (Vorzüge) und *masāwī* (Mängel) wird allerdings auf spätgriechische Vorbilder zurückgehen. So existiert von Johannes Damascenus selbst ein Opusculum *περὶ ἀρετων καὶ κακῶν* (Migne, Patrol. graeca, XCV, 85-95); ähnliches übrigens auch unter den Werken Ephrems, so gleich die erste Abhandlung im 1. griechisch-lateinischen Band der römischen Ausgabe.

Darstellung der religiös-sittlichen Betätigungen und Bestrebungen des Islam, zunächst aus der Zeit des ersten Kreuzzuges; aber das Werk al-Ghazālīs ist auch in der Folgezeit nicht übertroffen worden, alle späteren Generationen haben aus ihm ihr Bestes geschöpft, und es gilt noch heute als das Grundbuch für jedes tiefere Studium der theologischen Wissenschaft überhaupt.

Was die Art meiner Bearbeitung betrifft, so glaubte ich die zunächst in Aussicht genommenen wichtigsten Partien (etwa 20 von den 40 Büchern des ganzen Werkes) in vollständiger Übersetzung darbieten zu sollen. Mag eine auszugsweise Behandlung bei Leistungen minderer Bedeutung am Platze sein, so verdient doch, meine ich, ein Werk, das 800 Jahre lang im Islam eine geistige Macht gewesen und es auch noch heute ist, ungekürzt dargeboten zu werden, um so mehr als verschiedene andere Opera, die höchstens noch ein antiquarisches Interesse beanspruchen können, in extenso übersetzt vorliegen. Bei einer auszugsweisen Bearbeitung ist überdies der Willkür des Bearbeitenden ein zu weiter Spielraum geboten, als daß sie von Außenstehenden mit gutem Gewissen als authentisch benutzt werden könnte. Abschreckende Beispiele einseitiger Quellendarbietung und Quellenverwendung sind ja zur Genüge bekannt.[4] Auch wäre vielleicht bei einem stellenweise nicht leichten Autor, wie al-Ghazālī es ist, der Verdacht nicht ausgeschlossen, daß der Bearbeitende sich nicht von rein sachlichen Gesichtspunkten leiten läßt, sondern daß er das vorlegt, was er gerade versteht, und was ihm unklar oder unsicher erscheint, übergeht. Vollends unerläßlich ist die ungekürzte Wiedergabe eines solchen Werkes für die Würdigung der schriftstellerischen Art eines Autors; dieser Gesichtspunkt möge also die Übertragung auch von etwa vorhandenen „toten

4 Ein Schulbeispiel für eine solche ganz ungewollte Irreführung infolge „auszugsweiser Wiedergabe“ siehe unten S. 71, Anm. 131.

Strecken" rechtfertigen, es werden ihrer, glaube ich, nicht allzu viele sein.

Meine Übersetzung will keine wörtliche, die ja vielfach ganz unverständlich bleiben müßte, sondern eine sinngemäße sein, und ich war besonders darauf bedacht, den Faden des Gedankenganges, der im Original bei den philosophischen Erörterungen vielfach kaum erkennbar ist – ein Umstand, der das Verständnis besonders erschwert –, immer deutlich hervortreten zu lassen. Eine weitere Schwierigkeit für den Übersetzer liegt darin, daß manche Ausdrücke bei al-Ghazālī eine ganz bestimmte technische Bedeutung haben, die man in unseren Wörterbüchern vergeblich suchen würde. Hier konnte der genaue Sinn nur durch Vergleichung möglichst vieler Stellen, wo diese Ausdrücke in verschiedenem Zusammenhang vorkommen, festgestellt werden. Inwieweit diese Ausdrucksweise Gemeingut der wissenschaftlichen oder theologischen Sprache der Zeit und inwieweit sie unserem Autor, für den ich ein Glossar zu liefern gedenke, speziell eigen ist, bleibt noch zu untersuchen.

Eine Verlegenheit für den Übersetzer sind auch die üblichen muḥammedanischen Eulogien.[5] Sie ganz wegzulassen, hielt ich nicht für statthaft, weil sie immerhin dem Stil eine charakteristische Färbung verleihen. Noch weniger ging es an, sie in schwerfälliger Weise wörtlich wiederzugeben, ganz abgesehen davon, daß schon die alten Exegeten über den genauen Sinn dieser Formeln nicht einig waren. Ich habe mir dadurch zu helfen gesucht, daß ich ähnliche bei uns gebräuchliche Eulogien oder Epitheta verwende; ich übersetze also die für Propheten übliche Formel *ʿalaihi ʾs-salām* mit „gebenedeit sei er" bzw. „der Gebenedeite" und die *Taṣliya* für Muḥammed: *ṣalla ʾllāhu ʿalaihi wa-sallama*

5 Vgl. darüber Goldziher in der *Zeitschr. der Deutschen Morgenl. Gesellschaft* L (1896), S. 97 ff.

mit „der Hochgebenedeite"; den Segenswunsch für Verstorbene *raḍiya 'llāhu 'anhu* übersetze ich mit „Gott habe ihn selig" bzw. „der selige ...", schließlich *Allāhu ta'ālā* usw. fast durchweg mit „Gott der Allerhöchste". Diese Wiedergaben dürften ungefähr denselben Eindruck erwecken wie die entsprechenden arabischen Formeln, und darauf kommt es doch lediglich an, denn es ist ja kein Begriffs-, sondern nur ein Gefühlsmoment, das durch sie ausgedrückt wird.

Der Übersetzung liegt wie meiner früheren Arbeit: *Die Dogmatik al-Ghazālī's* (Halle 1912), die 10bändige Ausgabe von Kairo 1311 (1893) mit dem Kommentar des Murtaḍā al-Zabīdī (bezeichnet mit M.) zugrunde, am Rande steht der Text der gewöhnlichen Ausgaben des *Iḥyā'* (bezeichnet mit J.), der aber nur selten vom Text des Murtaḍā abweicht. Unterschiede von einigem Belang habe ich in den Noten angeführt. Nur an wenigen Stellen (vgl. S. 57 Anm. 100, S. 92 Anm. 186, S. 126 Anm. 258) glaubte ich, um einen brauchbaren Sinn zu gewinnen, eine kleine Änderung am Text vornehmen zu müssen.

Da ich bestrebt war, die Übersetzung selbst möglichst klar und lesbar zu gestalten, so konnte ich mit den Anmerkungen ziemlich sparsam sein. Ein Teil derselben ist selbstverständlich nicht für Arabisten bestimmt. Von den meisten Überlieferern habe ich, hauptsächlich nach den *Rijāl*-Büchern von Ibn Ḥajar, *Iṣāba*, und Ibn al-Athīr, *Usd al-jāba*, wenigstens das Todesjahr angegeben, desgleichen von den als Autoritäten angeführten Ṣūfis.[6] Diese Daten sind indes für das Verständnis von geringer Bedeutung, ich habe mich daher, wo ich sie nicht leicht finden konnte, nicht mit vielem Suchen aufgehalten. Einige Nachweise

6 Die meisten derselben sind aufgeführt in dem unten öfters zitierten Werk von al-Hujwīrī, *Kashf al-maḥjūb*, übersetzt von Reynold A. Nicholson („E. J. W. Gibb Memorial" Series, Vol. VII, Leiden 1911). Man vergleiche den Index.

verdanke ich Herrn Professor Brockelmann. Soweit es möglich war, wurde auf die seit 1908 in Leiden erscheinende, leider erst bis zum Buchstaben I gediehene „*Enzyklopädie des Islam*“[7] verwiesen. Über das Traditionswesen der Muhammedaner überhaupt gibt Aufschluß daselbst (II, 200-206) der Artikel „Ḥadīth“ mit zahlreichen Literaturangaben, worunter vor allem hervorzuheben IGNAZ GOLDZIHER, *Muhammedanische Studien*, 2 Bände, Halle 1888-1890. Da es unserem Autor und in diesem Fall auch uns weniger auf die Personen (*rijāl*) als auf die Aussprüche (*aqwāl*) ankommt, so glaubte ich auf die Wiedergabe der Resultate der muslimischen Traditionskritik, die in Murtaḍās Kommentar den breitesten Raum einnehmen, ganz verzichten zu sollen. Sonst habe ich die ihm entnommenen Anmerkungen mit M. gekennzeichnet.

Bekanntlich hat unserem Autor bei der Abfassung seines Werkes das *Qūt al-qulūb* („Herzensspeise“) des asketisch-my-

7 Die *Encyclopaedia of Islam* ist inzwischen bereits in zweiter Auflage erschienen. Sie gehört heute zusammen mit der *Encyclopaedia Iranica* und jüngst auch der *Encyclopaedia Aethiopica* zur aussagekräftigsten Fachliteratur der Orientalistik. Die erste Auflage in vier Bänden, kurz auch *EI1*, aus den Jahren 1913 bis 1938 erschien noch in den drei Sprachen Englisch, Französisch und Deutsch, die zweite elfbändige Ausgabe, kurz *EI2*, mit Zusatzbänden von 1960 bis 2005 nur noch in Englisch und Französisch; der letzte Band – Nr. 12 mit Ergänzungen – erschien 2007. Eine dritte Auflage, nur auf Englisch, ist in Vorbereitung.
– Martin T. Houtsma et. al. (Hrsg.): *Enzyklopädie des Islam*. Bd. 1–4 + Erg.-Bd., Brill, Leiden 1913–1938.
– *The Encyclopaedia of Islam*. New Edition Auflage. Brill, Leiden 1954–(Edited by a number of leading orientalists, including Gibb, under the patronage of the International Union of Academies along with that edited by J. H. Kramers, and E. Levi-Provençal).
– *The Encyclopaedia of Islam*. New Edition Auflage. Brill, Leiden [u. a.], (Französische Ausgabe: *Encyclopédie de l'Islam*). – [Anm. d. Hrsg.]

stischen Schriftstellers Abū Ṭālib al-Mekkī (gest. 386 = 996) vorgelegen, aus dem er den größten Teil der angeführten Traditionen, Ṣūfī-Aussprüche und erbaulichen Anekdoten übernimmt. In der Anordnung, Gestaltung und besonders der philosophischen Durchdringung des Stoffes zeigt sich al-Ghazālī natürlich fast durchaus selbständig. Um einen Begriff davon zu geben, in welcher Art er die Sammlung seines Vorgängers benutzt hat, führe ich die sämtlichen in Betracht kommenden Stellen nach der zweibändigen Ausgabe von Kairo 1310 (1892) in den Anmerkungen an.

Was den Titel des vorliegenden Buches und die Überschriften der einzelnen Unterabteilungen anlangt, so wird man finden, daß der Inhalt zum Teil darüber hinausgeht. Es kommt dem Autor nicht darauf an, gelegentlich eine Abschweifung zu machen und etwas zu besprechen, was ihm besonders am Herzen liegt, manchmal ist es nur, um seinen Unmut zu äußern gegen ein verknöchertes, dünkelhaftes, nur auf Ehren und Erwerb bedachtes Gelehrtentum[8]

8 Daß im übrigen al-Ghazālī bei aller Orthodoxie und sittlichen Strenge keineswegs ein enger Geist oder ein Fanatiker war, ergibt sich schon aus der Tatsache, daß er ein eigenes Opusculum, *Faiṣal at-tafriqa baina l-islām wa-z-zandaqa*, geschrieben hat, das in der Hauptsache gegen die Verketzerungssucht gerichtet ist, die im Osten nicht weniger üppig gedieh wie im Westen. Er spricht in diesem Werkchen sogar die Überzeugung aus, daß die Barmherzigkeit Gottes auch auf die Christen und – die damals größtenteils noch heidnischen – Türken sich erstrecke. Nur diejenigen von ihnen, die wider besseres Wissen gegen die Anerkennung der prophetischen Sendung Muḥammeds sich verschließen (*al-kuffār al-mulḥidūn*, infideles malae fidei), gehen verloren, nicht aber jene, die zu weit entfernt wohnen, als daß sie von Muḥammed Kunde haben könnten, oder die von Jugend auf nur von ihm gehört haben, daß er ein Lügner und Schwindler sei, der sich fälschlich für einen Propheten ausgegeben (S. 23 des Sammelbandes, Kairo 1325 = 1907). Wenn jemand an Gott und einen jüngsten Tag glaubt und aufrichtig die Wahrheit sucht, aber vom Tod ereilt wird, bevor er sie gefunden, so wird ihm

(vgl. S. 49 ff.), vielfach gibt er aber gerade in solchen Abschweifungen sein Bestes. Bemerkt sei schließlich noch, daß einige hier nur gestreifte Fragen wie die über die ethische Bewertung der indifferenten Handlungen (S. 55 f.) oder die Erlaubtheit der Notlüge (S. 120 f.) an anderen Stellen seines Werkes ex professo behandelt werden. –

Ich erfülle noch die angenehme Pflicht, Herrn Professor Hölscher, der die Güte hatte, mich bei der Lesung der Korrektur zu unterstützen, meinen herzlichen Dank auszusprechen.

Halle, im November 1916. H. BAUER.

Verzeihung zuteil und die „weite Barmherzigkeit Gottes", welcher Religion er auch angehören möge. „Man wolle also der Barmherzigkeit (Gnade) Gottes weiten Raum geben und die göttlichen Dinge nicht mit der unzulänglichen amtlichen (*rasmī*) Waage wiegen!" (ibid. S. 24). Man beachte, daß diese Sätze kurz nach dem ersten Kreuzzug geschrieben sind.

Einleitung

IM NAMEN GOTTES des Barmherzigen, des Erbarmers. Wir loben Gott mit dem Lobe des Dankes, wir glauben an ihn mit überzeugtem Glauben, wir bekennen seine Einheit mit wahrhaftigem Bekenntnis und bezeugen, daß kein Gott ist außer Gott, dem Herrn der Welten, dem Schöpfer der Himmel und der Erden, der die Dschinnen und die Menschen und die nahgestellten Engel verpflichtet, ihm zu dienen in Lauterkeit gemäß dem Gotteswort (Sura 98, 5): „Nichts anderes ward ihnen geheißen, als Gott zu dienen mit lauterer Religion." Gott gebührt also nur die lautere und gediegene Religion, denn er bedarf weniger als irgendeiner der Teilnehmerschaft von anderen. Gebenedeit sei sein Prophet Muḥammed, der Herr der Gesandten, und die Propheten insgesamt, auch seine Familie und seine Genossen, die guten und lauteren!

Die Geistesmänner (*arbāb el-qulūb*) wissen durch die Erleuchtung des Glaubens und das Licht des Korans, daß es kein Mittel gibt, zur Seligkeit zu gelangen, außer durch die Erkenntnis und den Dienst Gottes. Demnach sind die Menschen alle verloren außer den Erkennenden, und die Erkennenden sind alle verloren außer den Handelnden, und die Handelnden sind alle verloren außer denen mit reiner Absicht, und „die mit reiner Absicht sind in großer Gefahr".[1] Das Handeln ohne Intention ist also eitel Pla-

1 In Gefahr nämlich, nicht bis ans Ende auszuharren. Es wird hier Bezug genommen auf einen Ausspruch des Sahl at-Tustarī (gest. 273 = 886/887). (M.)

ge, und die Intention ohne Lauterkeit ist Augendienerei (*riyāʾ*),[2] der Heuchelei gleichwertig und mit Sünde gleichbedeutend. Und die reine Absicht ohne Aufrichtigkeit und Wahrhaftigkeit ist Sonnenstaub.[3] Von jedem Werk, das mit dem Streben nach etwas anderem außer Gott vermengt und verunreinigt ist, sagt ja Gott der Allerhöchste (Sura 25, 23): „Wir treten heran zu den Werken, die sie gewirkt, und machen sie zu wirbelndem Staub." Wie kann aber jemand die rechte Intention haben, ohne deren Wesen zu kennen? Oder wenn er die rechte Intention hat, wie

2 Dieser in der vorliegenden Abhandlung unendlich häufig wiederkehrende Terminus, der gewöhnlich mit „Heuchelei" oder „Scheinheiligkeit" übersetzt wird, bedeutet eigentlich das „Hinsehen" auf andere mit dem Wunsch, von ihnen beachtet und hochgeschätzt zu werden. Unser Autor definiert im 25. Buch (VIII, 269, 2) *riyāʾ* als „das Streben nach Ansehen im Herzen der Menschen dadurch, daß man ihnen seine guten Eigenschaften zeigt". So kann man sich z. B. aus *riyāʾ* parfümieren (X, 25, 29, vgl. unten S. 57), wo also an Heuchelei und Scheinheiligkeit nicht zu denken ist. Der Sprachgebrauch verwendet allerdings den Ausdruck, wie der Autor bemerkt, vorzugsweise für den Fall, daß man sich dieses Ansehen bei den Menschen durch religiöse Übungen (*ʿibādāt*) oder sonstige gute Werke verschaffen will, die einzig und allein für Gott verrichtet werden sollen. Hier könnte man also *riyāʾ* mit „Heuchelei" wiedergeben, wenigstens soweit es sich um reines *riyāʾ* (*al-riyāʾ al-maḥḍ*) handelt. Zumeist ist aber, wo von *riyāʾ* die Rede ist, die Absicht, den Menschen zu gefallen, nicht das hauptsächliche oder einzige Motiv, sondern nur ein Teilmotiv, durch das die reine Absicht (*ikhlāṣ*) getrübt wird. *Riyāʾ* steht also im Gegensatz zum *ikhlāṣ*, wie bei den christlichen Asketikern die vana oder inanis gloria (eitle Ruhmsucht) im Gegensatz zur simplex oder pura intentio. Außerdem dürften diesem Begriff noch am nächsten kommen die Ausdrücke „Augendienerei, Gefallsucht, Rücksicht auf die Menschen", die wir im folgenden nach dem jeweiligen Zusammenhang gebrauchen.

3 Bis hierher ist die Einleitung zumeist in Reimprosa (*sajʿ*) gehalten, und die Wortwahl wird dabei naturgemäß oft mehr durch den Reim als durch den Gedanken bestimmt. Wir dürfen daher hier auch nicht dieselbe begriffliche Exaktheit suchen wie in den eigentlichen Ausführungen.

kann er die reine Absicht haben, ohne ihr Wesen zu kennen? Oder wie kann der mit reiner Absicht bei sich selbst auf Wahrhaftigkeit sehen, wenn ihr Sinn ihm nicht klar ist? Für jeden, der Gott dienen will, ist es demnach die erste Pflicht, zunächst die Kenntnis der Intention sich anzueignen, damit er dieses Wissen dann im Werke betätige, nachdem er noch das Wesen der Wahrhaftigkeit und der reinen Absicht kennengelernt, welche für den Menschen die beiden Mittel zum Heil und zur Rettung sind. Wir behandeln also alles, was auf die Wahrhaftigkeit und die reine Absicht Bezug hat, in drei Kapiteln.

Das erste handelt über Wesen und Bedeutung der Intention (*nīya*), das zweite über die reine Absicht (*ikhlāṣ*) und was dazu gehört, das dritte über die Wahrhaftigkeit (*ṣidq*) und worin sie besteht.

ERSTER TEIL

Von der Intention

Die Vortrefflichkeit der Intention (1), ihr Wesen (2), daß die Intention besser ist als das Werk (3), inwiefern die verschiedenen Handlungen von der Intention abhängen[1] (4), daß man die Intention nicht willkürlich erwecken kann (5).

1 Statt *tafḍīl* ist mit anderen Ausgaben gewiß zu lesen *tafṣīl*, desgleichen *nīya* statt *nafs*.

I.
Die Vortrefflichkeit der Intention (Absicht)[2]

[Schriftstellen und Traditionen vom Propheten.][3]

Gott der Allerhöchste sagt (Sūra 6, 52): „Und stoß jene nicht zurück, die ihren Herrn anrufen, früh und spät, nach seinem Antlitz verlangend (*yurīdūna*)". Mit *yurīdūna* ist hier die Intention gemeint. Und der Hochgebenedeite sagt: „Die Handlungen richten sich allein nach den Intentionen, und jedem Mann kommt das zu, was er beabsichtigt;[4] wer seine Hidschra zu Gott und seinem Gesandten macht, der macht sie zu Gott und seinem Gesandten, und wer sie zur Welt macht, um sie zu erlangen, oder zu einer Frau, um sie zu heiraten,[5] der macht sie zu diesen."

2 *nīya* urspr. „Ziel", auch „Reiseziel", vom Verbum *nawā* „sich etwas vornehmen", auch „auswandern". Im Lateinischen entspricht „intentio", im Hebräischen *kawwānā*.

3 Die Autoritätsbeweise werden gewöhnlich in der folgenden Reihenfolge aufgeführt: 1. *āyāt* (Koranstellen); 2. *ahkbār* (Traditionen vom Propheten); 3. *āthār* (andere Autoritäten, eig. „Spuren", dann „Überlieferungen"). Letztere enthalten hauptsächlich Aussprüche und Züge von den „frommen Altvordern (*as-salaf aṣ-ṣāliḥūn*), zumeist von den alten Ṣūfīs, aber auch solche von nicht islamischen Autoritäten wie Jesus, Luqmān u. a. Hier sind die *āyāt* und *ahkbār* nicht genau voneinander geschieden. Der angebliche Bericht aus den *isrā'īlīyāt* (S. 28) gehört eigentlich, da er nicht Muḥammed in den Mund gelegt wird, unter die *āthār*.

4 Dieser Satz gilt als eines der Grundprinzipien (*qawā'id*) des Islam. Mit ihm beginnt al-Bukhārī sein Traditionswerk, und er steht als Aufschrift an einem der Haupteingänge der Azhar-Moschee in Kairo.

5 Vgl. Seite 27.

Ferner sagt der Hochgebenedeite:[6] „Von den Märtyrern meines Volkes sind die meisten in ihrem Bette gestorben,[7] und Gott weiß, was mancher von denen, die zwischen den Schlachtreihen gefallen sind, für eine Absicht gehabt hat."

Gott d. A. sagt ferner (Sūra 4, 35): „Wenn beide sich aussöhnen wollen (*yurīdā*),[8] so wird Gott Frieden stiften zwischen ihnen." Er macht demnach die Intention zur Ursache des Gelingens.

Ferner sagt der Hochgebenedeite:[9] „Gott sieht nicht auf eure Gestalt und euer Vermögen, er sieht nur auf eure Herzen und eure Werke." Und zwar sieht er deswegen auf die Herzen, weil sie der Sitz der Intention sind.

Der Hochgebenedeite sagt ferner:[10] „Wenn der Mensch gute Werke vollbracht hat, so bringen sie die Engel auf versiegelten Blättern in den Himmel hinauf vor Gott d. A." Da sagt dieser: „Werft dieses Blatt weg, denn er hat mit dem, was darauf steht, nicht mein Antlitz gesucht." Dann ruft er den Engeln zu: „Schreibt für ihn das und das an, schreibt für ihn das und das an!" „Aber, o Herr", wenden sie ein, „er hat ja von dem gar nichts getan." „Aber er hat es gewollt", erwidert Gott d. A.

Ein weiterer Ausspruch des Hochgebenedeiten lautet:[11] „Es gibt vier Klassen von Menschen. Der eine empfängt von Gott Wissen und Vermögen, und er schaltet seinem Wissen entsprechend mit seinem Vermögen. Da sagt ein anderer: ‚Würde mir Gott dasselbe verleihen wie ihm, so würde ich es damit ebenso halten

6 *Qūt al-qulūb* II, 160, 20.

7 d. h., es war ihnen nicht vergönnt, auf dem Felde der Ehre zu fallen, wie sie gerne gewollt hätten; sie sind aber Märtyrer der Absicht nach.

8 Es handelt sich um Ehegatten, die in Zwist geraten sind.

9 *Qūt* II, 160, 20.

10 *Qūt* II, 160, 21 ff.

11 *Qūt* II, 160, 24 ff.

wie er.‘ Bei beiden ist der Lohn gleich. Ein anderer empfängt von Gott Vermögen, aber nicht die richtige Einsicht, so daß er in seinem Unverstand sein Vermögen mißbraucht. Da sagt ein anderer: ‚Würde mir Gott dasselbe verleihen wie ihm, so würde ich es ebenso verwenden wie er.‘ Bei beiden ist das Vergehen das gleiche.“ Er macht ihn also wegen seiner Absicht zum Teilhaber an den guten bzw. schlechten Handlungen der anderen.

So auch in einer Tradition[12] des Anas b. Mālik:[13] ‚Als der hochgebenedeite Gottgesandte gegen Tabūk[14] zu Felde zog, sagte er: „Es gibt in der Stadt (Medina) Leute, die bei jedem Tal, das wir überschreiten, bei jedem Pfad, den wir zum Ärger der Ungläubigen betreten, bei jeder Ausgabe, die wir machen, und bei jedem Hunger, den wir leiden, auch beteiligt sind, obgleich sie in der Stadt sich befinden.“ „Wieso das, Gottgesandter?“ erwiderte man ihm, „sie sind doch nicht mit uns.“ „Sie sind nur abgehalten“, antwortete er, „aber durch die Absicht sind sie mit uns vereint.“

Eine Tradition[15] des Ibn Mas‘ūd[16] lautet: „Wer die Hidschra mitmacht, um etwas dabei zu erlangen, der soll es haben. Ein Mann machte die Hidschra und heiratete dann eine Frau von uns. Er hieß darum ‚der Muhājir der Umm Qais‘.“[17]

In einer Tradition wird berichtet,[18] daß ein Mann im Kampf für die heilige Sache fiel und *qatīl al-ḥimār* („der um des Esels willen

12 *Qūt* II, 160, 28 ff.

13 Einer der fruchtbarsten Überlieferer, gest. ca. 91-93 (709-711) in Baṣra. Vgl. *Enzykl. des Islam* I, 362.

14 Im Jahre 9 (631).

15 *Qūt* 161, 1 ff.

16 Gest. 32 oder 33 (652-654). Vgl. *Enzykl. des Islam* I, 428 f.

17 d. h. welcher der Umm Qais wegen die Hidschra machte.

18 *Qūt* II, 161 5 f.

Getötete") genannt wurde. Er hatte nämlich einen Feind töten wollen, um dessen Rüstung und dessen Esel sich anzueignen, und war dabei ums Leben gekommen. So wurde er mit dem benannt, was er beabsichtigte.[19]

Nach einer Tradition des ʿIbāda [b. aṣ-Ṣāmit][20] sagte der Hochgebenedeite:[21] „Wer nur in der Absicht auf Beute in den Kampf zieht, der bekommt, was er beabsichtigt". – Ferner berichtet er,[22] daß sein Vater [Ibn Kaʿb] erzählte: „Ich forderte von einem Mann, der mit mir im Felde stand, einen Liebesdienst. ‚Nur wenn du mir etwas dafür gibst', erwiderte er. Da gab ich ihm etwas. Als ich dem hochgebenedeiten Propheten die Sache berichtete, sagte er: ‚Er soll weder in dieser noch in jener Welt etwas anderes erhalten, als was du ihm gegeben hast'".

In der israelitischen Geschichte wird erzählt,[23] daß ein Mann zur Zeit der Dürre durch eine sandige Gegend ging. Da sagte er bei sich: „Wenn dieser Sand Speise wäre, so würde ich ihn unter die Leute verteilen". Darauf offenbarte Gott d. A. ihrem Propheten: „Sag' ihm, daß Gott d. A. dein Almosen angenommen und deine gute Absicht dadurch anerkannt hat, daß er dir dieselbe Belohnung erteilt, wie wenn jener Sand Speise gewesen und von dir als Almosen gespendet worden wäre."

Verschiedene Traditionen gehen dahin, daß dem, der eine gute Handlung verrichten will, sie aber nicht verrichtet, die gute Handlung doch zugute geschrieben wird.[24]

19 *fa ʾuḍīfa ilā nīyatihi*, wörtlich: es wurde zwischen ihm (*qatīl* „gefallen") und seiner Absicht (*ḥimār* „Esel") eine Genitivverbindung (*iḍāfa*) hergestellt.

20 Gest. um 34-35 (654-655) in Ramla oder Jerusalem.

21 *Qūt* II, 161, 7.

22 *Qūt* II, 161, 8.

23 *Qūt* II, 161 9 ff.

24 *Qūt* II, 161, 11.

In einer Tradition des ʿAbdallāh b. ʿAmr [b. al-ʿĀṣ][25] heißt es:[26] „Wessen Sinn auf die Welt gerichtet ist, dem stellt Gott d. A. seine Armut vor Augen, und er trennt sich von ihr mit dem ärgsten Verlangen nach ihr; wessen Sinn aber auf das Jenseits gerichtet ist, dem legt Gott seinen Reichtum ins Herz und hält ihm sein Vermögen zusammen, und er trennt sich davon mit vollkommener Gleichgültigkeit."

In einer Tradition[27] der Umm Salama[28] heißt es: „Der hochgebenedeite Prophet erzählte von einem Heer, das in der Wüste von der Erde verschlungen wurde. Da warf ich ein: ‚Aber, Gottgesandter, es sind Widerwillige und Söldner darunter.' Er antwortete: ‚Sie werden mit ihren Absichten auferweckt werden.'"

Der selige ʿOmar berichtet:[29] Ich habe den hochgebenedeiten Gottgesandten sagen hören: „Die Kämpfer gelten als solche nur gemäß ihren Absichten." – Ferner sagt der Hochgebenedeite:[30] „Wenn die Schlachtreihen aufeinander treffen, so steigen die Engel hernieder, um die Leute nach ihren Klassen aufzuschreiben. ‚Der und der kämpft für die Welt, der und der aus Kampflust (*ḥammīya*), der und der aus Clangeist (*ʿaṣabīya*).'[31] Sagt also nicht, der und der ist für die heilige Sache gefallen. Nur wer darum kämpft, daß Gottes Wort erhöht werde, der kämpft für die heilige Sache."

25 Gest. 79 oder 80 = 698-700 zu Mekka.

26 *Qūt* II, 161, 12 ff.

27 *Qūt* II, 161, 14 f.

28 Es werden verschiedene Trägerinnen dieses Namens aufgeführt, bei Ibn Saʿd, *Tabaqāt* VIII fünf, bei Ibn Ḥajar, *Iṣāba* IV, 885 ff. sechs. Hier ist wohl sicher Umm Salama bint abī Umayya gemeint, eine der Frauen des Propheten, die als die letzte von allen um 62 (681) starb.

29 *Qūt* II, 161, 16.

30 *Qūt* II, 161, 17 ff.

31 Am entsprechendsten würde *ʿaṣabīya*, wenn der Stil es vertrüge, mit „Chauvinismus" wiedergegeben.

Nach einer Tradition[32] des Jābir [b. ʿAbd Allāh al-Anṣārī][33] sagte der hochgebenedeite Prophet: „Jeder Mensch wird auferweckt werden entsprechend der Gesinnung, in der er gestorben ist."

Nach einer Tradition[34] des al-Aḥnaf [b. Qais al-Tamīmī][35] von Abū Bakra [sagte der Prophet]: „Wenn zwei Muslime mit dem Schwert aufeinander losgehen, so kommen beide in die Hölle, der Tötende und der Getötete". Als man einwarf: „Das gilt für den Tötenden, Gottgesandter, aber wieso auch von dem Getöteten?", erwiderte er: „Weil er die Absicht hatte, den anderen zu töten."

In einer Tradition[36] des Abū Huraira[37] heißt es: „Wer einer Frau bei seiner Heirat eine Mitgift zusagt, aber nicht die Absicht hat, diese auszuzahlen, begeht Unzucht, und wer Schulden macht ohne die Absicht, sie wieder zu begleichen, der ist ein Dieb."

Ein weiterer Ausspruch[38] des Hochgebenedeiten lautet: „Wer sich parfümiert für Gott, der wird am jüngsten Tag lieblicher als Moschus duften, wer sich aber parfümiert für etwas außer Gott, der wird am jüngsten Tag übler riechen als ein Aas."

32 *Qūt* II, 161, 19.

33 Er soll als der letzte der Genossen des Propheten in Medina um 74-78 (693-698) gestorben sein.

34 *Qūt* II, 161, 19.

35 Gest. 67 = 686/687 in Kūfa.

36 *Qūt* II, 161, 33 f.

37 Der fruchtbarste Überlieferer, gest. 57 oder 58 (676-679) in Medina. Vgl. *Enzykl. des Islam* I, 99.

38 *Qūt* II, 162, 35 f.

[Überlieferungen (*āthār*)]

Ein Ausspruch[39] des seligen ʿOmar b. al-Khaṭṭāb lautet: „Die besten Werke sind die, zu tun, was Gott geboten hat, und zu meiden, was er verboten hat, und bei allem, was sich auf Gott bezieht, die rechte Absicht zu haben."

Sālim b. ʿAbdallāh[40] schrieb an ʿOmar b. ʿAbd al-ʿAzīz:[41] „Gott d. A. steht dem Menschen bei entsprechend dem Grade seiner guten Meinung. Ist diese vollkommen, so ist es auch die Hilfe, die ihm Gott gewährt, und läßt sie zu wünschen übrig, dann auch dem entsprechend die Hilfe."

Einer der Altvordern sagt:[42] „Gar manche kleine Handlung wird groß durch die Absicht, und manche große Tat wird klein durch die Absicht."

Dā'ūd aṭ-Ṭā'ī [gest. 215 (830)] sagt:[43] „Das Streben des Frommen geht auf die Gottesfurcht, und wenn er auch mit allen Gliedern an der Welt hängt, so führt ihn doch eines Tages seine Absicht zur rechten Absicht [sic] zurück. Mit dem Toren hingegen verhält es sich umgekehrt."

[Sufyān] ath-Thaurī [gest. 161 (777)] sagt: „Sie lernten die Absicht, zu handeln, wie sie die Erkenntnis[44] sich aneigneten."

Ein Gelehrter sagt: „Bemühe dich um die gute Meinung bei der Handlung vor der Handlung selbst; solange du das Gute beabsichtigst, steht es gut mit dir."

39 *Qūt* II, 158, 34 f.
40 Einer der „sieben Fuqahā'", gest. 106 (724). (M.)
41 Der omayyadische Kalife ʿOmar II., reg. 99-101 (717-720).
42 *Qūt* II, 159, 21 f.
43 *Qūt* II, 159, 23 f.
44 So *Qūt* II, 159, 27: *al-ʿilm*. Die Schreibung *al-ʿamal* „das Handeln" im Texte beruht wohl auf einem lapsus calami unseres Autors.

Ein Novize (*murīd*) lief bei verschiedenen Gelehrten herum und fragte: „Gibt es eine Beschäftigung, bei der ich immer für Gott arbeite? Ich möchte nicht, daß mir eine Stunde des Tages oder der Nacht dahingehe, ohne daß ich ein Arbeiter Gottes wäre." Da wurde ihm der Bescheid: „Dein Verlangen ist erfüllt. Übe nur das Gute, das du vermagst, und wenn du aus Müdigkeit es unterlassen mußt, so erwecke die Meinung, es zu üben, das gilt soviel, als das Gute selbst zu üben."[45]

Einer der Altvordern sagt:[46] „Der Wohltaten Gottes gegen euch sind mehr, als ihr zählen könntet, und eure Sünden sind verborgener, als daß ihr sie wissen könntet. Aber fangt den Tag an als Reuige und beschließt ihn als Reuige, so wird Gott euch verzeihen, was dazwischen liegt."

Jesus, der Gebenedeite, sagt:[47] „Selig das Auge, das einschläft und nicht auf etwas Böses gerichtet ist, und das aufwacht zu keiner Sünde."

Abū Huraira berichtet: „Sie werden auferweckt werden am jüngsten Tage entsprechend ihren Absichten."[48]

So oft al-Fuḍail b. ʿIyāḍ[49] die Koranstelle las (Sūra 47, 31): „Wir wollen euch prüfen, um die Eifrigen unter euch zu erkennen und die Standhaften, und wir wollen prüfen, was man von euch spricht", weinte er, wiederholte sie und sagte: „Wenn Du uns prüfest, so wirst Du uns beschämen und unsere Blößen aufdecken." – Ḥasan [al-Baṣrī][50] sagt: „Wenn die Seligen ewig

45 *Qūt* II, 159, 31 f.
46 *Qūt* II, 159, 29 f.
47 *Qūt* II, 159, 33 f.
48 Vgl. oben S. 29 f.
49 Gest. 187 (803). Vgl. *Enzykl. des Islam* II, 123.
50 Geb. 21 (642) in Medina, gest. 110 (728) in Baṣra. Vgl. *Enzykl. des Islam* II, 289 f.

im Paradies bleiben und die Verdammten ewig in der Hölle, so geschieht das wegen ihrer Absichten."[51]

Wie Abū Huraira berichtet, steht in der Tora geschrieben: „Tut man etwas um Meinetwillen, so ist das Wenige davon viel, tut man es aber um eines anderen willen, so ist das Viele davon wenig."

Bilāl b. Saʿd[52] sagt: „Wenn der Mensch das Glaubensbekenntnis ausspricht, so gibt sich Gott d. A. damit nicht zufrieden, sondern er sieht auf sein Tun, und wenn dieses in Ordnung ist, sieht er auf sein Lassen, und wenn dieses in Ordnung ist, sieht er auf seine Absicht. Wenn aber diese gut ist, so ist es um so eher das, was ihr untergeordnet ist."

Die Grundpfeiler der Handlungen sind also die Absichten. Die Handlung bedarf, um gut zu sein, der Absicht, die Absicht hingegen ist an und für sich gut, auch wenn die Handlung wegen eines Hindernisses nicht zur Ausführung kommen kann.

2.
Wesen der Intention (Absicht)

Nīya (Absicht), *irāda* (Willen) und *qaṣd* (Zweck) sind synonyme Ausdrücke für ein und dieselbe Sache, nämlich für eine innere Verfassung und Eigenschaft, die ein Doppeltes in sich schließt, ein Erkennen und ein Tun. Das Erkennen kommt zuerst, denn es ist der Stamm und die Bedingung, das Tun kommt an zweiter Stelle, denn es ist die Frucht und der Zweig. Jede Handlung nämlich –

51 Die Tat selbst könnte, weil zeitlich beschränkt, nicht ewigen Lohn oder ewige Strafe zur Folge haben. Durch die Absicht wird aber die Tat gewissermaßen verewigt, denn die Guten möchten Gott immerfort dienen und die Bösen ihn immerfort beleidigen. (M.)

52 al-Ashʿarī, gest. unter der Regierung des Kalifen al-Hischām.

ich meine damit jedes freiwillige[53] Tun und Lassen – schließt in sich ein Dreifaches: Erkenntnis, Willen und Vermögen (potentia). Denn der Mensch will nichts, was er nicht kennt, also ist die Erkenntnis notwendig, und er tut nichts, was er nicht will, also ist der Wille notwendig. Der Wille ist die Bewegung des Innern zu dem hin, was der Mensch als seinem Ziel angemessen erachtet, sei es für diese oder jene Welt. Der Mensch ist nämlich so geschaffen, daß gewisse Dinge ihm angemessen und seinem Ziel förderlich, andere hingegen ihm entgegengesetzt sind. Er muß also das Angemessene und Förderliche zu sich herbeiführen, das Schädliche und Widerstreitende hingegen von sich abwehren, und dazu muß er notwendigerweise das Nützliche und Schädliche genau kennen, um das erstere herbeizuführen und vor dem anderen zu fliehen. Denn wer die Speise nicht sieht und sie nicht kennt, der kann sie nicht zu sich nehmen, und wer das Feuer nicht sieht, der kann nicht vor ihm fliehen.

Darum hat Gott die Leitung und die Erkenntnis geschaffen und ihr Mittel zugeordnet, nämlich die äußeren und inneren Sinne, auf die wir nicht einzugehen brauchen. Wenn aber jemand die Speise sieht und sie als ihm angemessen erkennt, so genügt das für ihn noch nicht, um sie zu sich nehmen zu können, solange bei ihm keine Neigung und Begierde und kein Appetit danach vorhanden sind, die ihn zur Speise hinziehen. Denn der Kranke sieht wohl die Speise und weiß, daß sie ihm angemessen ist, er kann sie aber nicht nehmen, weil ihm die Neigung und Begierde fehlt und der bewegende Antrieb.

Darum hat Gott d. A. die Neigung und die Begierde und den Willen geschaffen, und ich verstehe darunter ein Streben in seiner

53 Für die Frage, inwieweit nach unserem Autor und der orthodoxen Lehre überhaupt von einer freiwilligen Handlung des Menschen gesprochen werden kann, vgl. H. BAUER, *Die Dogmatik al-Ghalālī's*, Halle 1912, S. 63 ff.

Seele und ein Gerichtetsein in seinem Innern auf das Betreffende hin. Aber auch das genügt noch nicht. Wie mancher sieht die Speise vor sich, begehrt sie und will sie nehmen, aber er kann es nicht, weil er gelähmt ist. Darum sind ihm die Kraft (Vermögen, potentia) und die bewegenden Glieder anerschaffen, damit die Nahrungsaufnahme ganz zustande kommen kann. Ein Glied bewegt sich aber nur durch die Kraft, und die Kraft wartet auf den bewegenden Antrieb und der Antrieb auf das Wissen und die Erkenntnis oder wenigstens auf ein Meinen und Glauben, d. h., es muß bei ihm feststehen, daß diese Sache ihm zuträglich ist. Wenn also diese Erkenntnis, daß die Sache zuträglich ist und geschehen muß, eine entschiedene ist, und wenn sie frei ist von der Gegenwirkung eines anderen ablenkenden Beweggrundes, so setzt der Wille sich in Bewegung, und das Streben verwirklicht sich. Wenn aber der Wille sich in Bewegung setzt, so geht die Kraft über in die Bewegung der Glieder. Die Kraft gehorcht also dem Willen, und der Wille folgt der jeweiligen Überzeugung und Erkenntnis. Die Absicht bezeichnet demnach ein mittleres, nämlich den Willen und die Bewegung der Seele entsprechend der Begierde und Neigung nach dem hin, was dem Ziel, sei es im Diesseits oder Jenseits, angemessen ist.

Das erste Movens ist sonach das zu erreichende Ziel, als Agens. Und das bewegende Ziel ist der beabsichtigte Zweck. Und die (Willens-)Bewegung ist das Streben und die Absicht und die Auslösung[54] der Kraft, um dem Willen in der Bewegung der Glieder behilflich zu sein, welche die eigentliche Handlung ausmacht.

Die Auslösung der Kraft zum Handeln geht bald von einem einzigen Agens aus, bald von zweien, die zu einer Tätigkeit zu-

54 Mit diesem modernen Terminus ist wohl *intihāḍ* (eigentlich „sich in Aktion setzen, ausgelöst werden") am ensprechendsten zu übersetzen. Die „Auslösung" als Tätigkeit ist *inhāḍ*, so gleich im folgenden.

sammenwirken. Im letzteren Fall kann entweder jedes einzelne für sich genommen imstande sein, die Kraft auszulösen (*inhāḍ*), oder sie vermögen das nur in ihrem Zusammenwirken, während jedes für sich genommen dazu unfähig ist, oder endlich das eine ist ohne das andere für sich allein ausreichend, es wird aber von diesem in der Wirkung unterstützt. Aus dieser Einteilung ergeben sich vier Fälle, für die wir je ein Beispiel anführen und einen Namen prägen wollen.

1. Das Movens ist nur ein einziges. Wenn z. B. ein wildes Tier auf einen Menschen losgeht, so hebt er sich von seinem Platze weg, sowie er es sieht. Was ihn wegtreibt, ist allein die Absicht, vor dem Tiere zu fliehen. Er sieht das Tier, erkennt es als Schaden bringend, da wendet sich sein Inneres zur Flucht und begehrt sie, dann tritt die Kraft, dem Impuls entsprechend sich betätigend, in Aktion. Man heißt das die Absicht, vor dem Tiere zu fliehen, da er nicht die Absicht hat, wegen eines anderen sich wegzubegeben. Und diese Absicht heißt *ikhlāṣ* (Reinheit [der Absicht]) mit Bezug auf das bewegende Ziel, d. h. sie ist frei von der Beteiligung und der Einmischung eines anderen Zweckes.

2. Es wirken zwei Moventia zusammen, von denen jedes für sich ausreichend wäre, wenn es allein in Aktion treten würde. Ein sinnliches Beispiel dafür ist, wenn zwei Männer einander helfen, eine Sache zu tragen, für welche die Kraft eines einzigen allein ausreichend wäre. Und ein Beispiel für unseren Gegenstand, wenn jemand von einem Armen, der zugleich sein Verwandter ist, um etwas gebeten wird, und erfüllt seine Bitte wegen seiner Armut und der Verwandschaft mit ihm, weiß aber, daß er sie, auch wenn der Betreffende nicht arm wäre, wegen der Verwandschaft allein erfüllen würde, und auch umgekehrt wegen der Armut allein, auch wenn er nicht sein Verwandter wäre. Er erkennt das bei sich daran, daß er auch die Bitte eines reichen Verwandten und eines nicht-

verwandten Armen zu erfüllen bestrebt ist. So verhält es sich auch mit jemandem, dem der Arzt Fasten auferlegt hat, und es kommt der Tag von 'Arafa,[55] und er fastet da, weiß aber, daß er die Speisen aus Gesundheitsrücksichten auch dann meiden würde, wenn es nicht der Tag von 'Arafa wäre, und daß er umgekehrt auch ohne Gesundheitsrücksichten fasten würde, weil es der Tag von 'Arafa ist. Beide Motive vereinigen sich also zu einer Handlung, und zwar ist das zweite Motiv der Begleiter des ersten, wir wollen das daher „Begleitschaft" (*murāfaqa*) von Beweggründen nennen.

3. Eines für sich allein ist nicht imstande, die Kraft auszulösen, wohl aber beide, wenn sie vereint sind. Ein sinnliches Beispiel ist, wenn zwei Schwache einander helfen, eine Last zu tragen, die für jeden von ihnen zu schwer wäre. Ein Beispiel für unseren Zweck: Es kommt zu jemandem ein reicher Verwandter mit der Bitte um einen Dirhem, und er gibt ihm nichts, dann kommt ein nichtverwandter Armer mit der gleichen Bitte, und er gibt auch diesem nichts, schließlich kommt ein armer Verwandter, und diesem gibt er den Dirhem. Hier erfolgt die Betätigung der Kraft durch die Vereinigung der beiden Motive, nämlich der Verwandtschaft und der Armut. So auch, wenn jemand vor den Menschen Almosen gibt wegen der Belohnung (im Jenseits) und wegen des Lobes (der Menschen), und zwar so, daß ihn, wenn er allein wäre, das Streben nach der Belohnung allein nicht zum Geben bewegen würde und ebensowenig allein die Rücksicht auf die Menschen (*riyā'*), wenn der Bittende etwa ein Sünder wäre, für dessen Unterstützung er keine Belohnung zu erwarten hätte; beide Motive in ihrer Vereinigung bringen aber die innere Be-

55 Der 9. *Dhu l-Ḥijja*, an dem die Pilger in der Ebene von 'Arafa, etwa fünf Stunden östlich von Mekka, zu „verweilen" (*wuqūf*) haben. Das Fasten an diesem Tag, dem Vorabend des „großen Festes", ist nicht geboten, gilt aber als ganz besonders verdienstlich.

wegung zustande. Wir wollen diese dritte Art „Genossenschaft" (*mushāraka*) nennen.

4. Das eine der beiden Moventia ist für sich allein hinreichend, das zweite hingegen nicht, es übt aber, wenn es zum ersten hinzutritt, wenigstens durch Unterstützung und Erleichterung eine Wirkung aus. Ein sinnliches Beispiel: Ein Schwacher hilft einem Starken beim Tragen einer Last, die dieser auch allein tragen könnte, der Schwache hingegen nicht; aber dieser erleichtert im allgemeinen die Arbeit und trägt zu ihrer sicheren Ausführung [56] bei. Ein Beispiel für unseren Gegenstand: Jemand pflegt regelmäßig Andachtsübungen abzuhalten und Almosen zu geben. Sind nun zufällig zu der betreffenden Zeit Menschen in der Nähe, so wird ihm durch ihre Gegenwart das Handeln erleichtert, er weiß aber von sich, daß er auch dann nicht davon abstehen würde, wenn er ganz allein wäre, und andererseits, daß ihn die Rücksicht auf die Menschen (*riyāʾ*) allein nicht zu diesem Werke veranlassen würde, wenn es nicht ein gottgefälliges wäre. Immerhin erleidet auf diese Weise die Absicht eine Trübung, und wir wollen diese Art die „Unterstützung" (*muʿāwana*) nennen.

Das zweite Motiv kann somit entweder begleitend oder teilnehmend oder unterstützend sein; wir werden darüber im Kapitel der „reinen Absicht" (*ikhlāṣ*) handeln. Hier wollten wir nur eine Einteilung der Absichten geben, denn die Handlung richtet sich nach ihrem Bewegunggrund und empfängt von ihm ihre Wertung (*ḥukm*). Daher heißt es: „Die Handlungen richten sich allein nach den Absichten"; denn sie sind etwas Abhängiges (*tābiʿa*) und haben keine Wertung in sich selbst, sondern die Wertung kommt dem zu, von dem sie abhängen.

56 So M.: *taḥqīqihi*, J.: *takhfīfihi* „ihrer Erleichterung".

3.
Über den eigentlichen Sinn des Ausspruches des Hochgebenedeiten: „Die Absicht des Gläubigen ist besser als sein Tun."[57]

Man hat gemeint, der Grund dieses Vorranges der Absicht liege darin, daß sie etwas Innerliches ist, das nur Gott d. A. wahrnimmt, die Handlung hingegen etwas Äußerliches, und daß die innere Tätigkeit die vorzüglichere ist. Das ist wohl richtig, aber hier nicht gemeint. Sonst würde aus diesem Ausspruch folgen, daß, wenn jemand beabsichtigt, innerlich Gottes zu „gedenken" (*dhikr*) oder in religiöse Dinge „sich zu versenken" (*fikr*), die Absicht des Sichversenkens besser sei als das Sichversenken selbst.

Andere meinten, der Grund dieses Vorranges liege darin, daß die Absicht bis zum Ende der Handlung ununterbrochen fortdauert, die Handlung aber nicht. Diese Ansicht ist jedoch schwach; denn sie läuft darauf hinaus, daß viel Betätigung besser sei als wenig.[58] Das ist aber nicht der Fall. Denn die Intention währt bei den gottesdienstlichen Handlungen oft nur wenige Augenblicke, während die Handlungen selbst fortdauern. Der Ausspruch verlangt aber, daß ganz allgemein die Absicht besser sei als die Handlung.

Wieder andere meinten, der Sinn sei der, daß die Absicht für sich allein besser sei als die Ausführung für sich allein ohne die Absicht. Auch das ist richtig, aber keineswegs hier gemeint. Denn an dem Handeln ohne Absicht oder aufs Geratewohl ist überhaupt nichts Gutes, die Absicht hingegen ist an und für sich gut. Von

57 Der Verfasser des *Qūt* führt (II, 159 unten und f.) zehn Auslegungen dieses Satzes an, ohne sich für eine ausschließlich zu entscheiden.

58 d. h., daß es lediglich auf die Quantität der Betätigung ankomme.

einem „Vorrang" kann aber nur dann die Rede sein, wenn beiden Vergleichsobjekten das Prädikat „gut" zukommt.[59]

Der Sinn ist vielmehr der: Jedes gottgefällige Werk besteht aus Absicht und Ausführung, dabei ist sowohl die Absicht etwas Gutes als auch die Ausführung etwas Gutes. Aber an dem guten Werk als Ganzem ist die Absicht besser als die Ausführung, d. h. beide wirken auf das Ziel hin, aber die Wirkung der Absicht ist bedeutender als die der Ausführung. Der Sinn ist also: Bei dem guten Werk als Ganzes genommen ist die Absicht des Gläubigen dabei etwas Besseres als seine Ausführung desselben, d. h. der freie Wille des Menschen betätigt sich sowohl bei der Absicht als auch bei der Ausführung, es sind also zwei Betätigungen, aber die Absicht ist bei dem Ganzen die bessere Betätigung. Das also ist der Sinn.

Warum die Absicht besser ist als die Ausführung und ihr gegenüber den Vorrang hat, versteht nur derjenige, welcher das Ziel der Religion kennt und den Weg dahin, sowie die Bedeutung des Weggeleises[60] für die Erreichung des Zieles, und der die einzelnen Geleise miteinander vergleicht, um so zu erkennen, welchem hinsichtlich der Erreichung des Zieles der Vorrang gebührt. Wenn z. B. jemand sagt: „Brot ist besser als Obst", so meint er damit nur, daß es besser sei mit Hinsicht auf den Zweck der Ernährung, und das versteht nur derjenige, welcher weiß, daß die Ernährung einen weiteren Zweck bat, nämlich die Gesundheit und Erhaltung des Lebens, und daß die Wirkung der Speisen darauf eine verschiedene ist, und der die Wirkung jeder einzelnen Speise kennt und sie untereinander vergleicht. Nun sind aber die guten Werke eine Nahrung für die Seele, und das Ziel ist deren Heilung, Erhaltung und ihr Wohlbefinden im Jenseits, ihre Seligkeit und ihre Wonne

59 *wa-ẓāhir al-tarjīkh lil-mushtarikain fī aṣl al-khair.*

60 *Athar* heißt zugleich „Spur, Geleise" und „Einwirkung". In der Übersetzung läßt sich nur die eine Bedeutung zum Ausdruck bringen.

in der Vereinigung mit Gott d. A. Das Ziel ist also allein der Genuß der Glückseligkeit in der Vereinigung mit Gott. Dieser Vereinigung wird aber nur derjenige teilhaftig, der in der Liebe und der Erkenntnis Gottes d. A. gestorben ist. Niemand kann aber Gott lieben, außer wer ihn kennt, und niemand ist vertraut mit ihm, außer wer dauernd seiner „gedenkt". Die Vertrautheit entsteht also durch das fortwährende „Gedenken" (*dhikr*)[61] und die Erkenntnis durch fortwährendes Sichversenken (*fikr*)[62], und die Liebe folgt notwendigerweise der Erkenntnis. Das Herz kann aber nur dann ganz dem „Gedenken" und „Sichversenken" leben, wenn es frei ist von weltlichen Zerstreuungen, und es ist nur dann von ihnen frei, wenn es die Begierde nach der Welt von sich abgetan hat, so daß seine Richtung und sein Streben auf das Gute geht, während es das Böse flieht und verabscheut. Es wird aber nur dann auf die guten und gottgefälligen Werke gerichtet sein, wenn er weiß, daß davon seine Seligkeit im Jenseits abhängt, so wie der Verständige den Aderlaß begehrt, weil er weiß, daß sein Wohlbefinden davon abhängt. Ist die Neigung selbst aber erst einmal durch die Erkenntnis gewonnen, so wird sie durch das der Neigung entsprechende Handeln und die Übung darin gefördert. Denn die den Eigenschaften der Seele entsprechende Übung und die auf sie abzielende Betätigung verhält sich zu dieser Eigenschaft selbst wie eine Nahrung, so daß dadurch die Eigenschaft wächst und erstarkt. Denn die Neigung dessen, der die Wissenschaft

61 Der *dhikr* (jetzige Aussprache *zikr*) kann im Geiste oder mit der Zunge, laut oder leise, ausgeführt worden. Er besteht zumeist aus dem „Einheitsbekenntnis" *lā ilāha illā-llāh* und kurzen Lobpreisungen Gottes. Vgl. Art. *Dhikr* in der *Enzykl. des Islam* I, 998.

62 Rechtes Gedenken (*samyaksmṛti*) und rechtes Sichversenken (*samyaksamādhi*) stehen auch in Buddhas „achtgliederigem Weg" (Predigt von Benares) nebeneinander. Doch ist dieses Zusammentreffen vermutlich nur Zufall.

oder eine politische Stellung anstrebt, ist im Anfang nur schwach, wenn er aber der Neigung folgt, sich mit der Wissenschaft, der Ausbildung der politischen Tätigkeit und den dazu erforderlichen Handlungen abgibt, so erstarkt und vertieft sich die Neigung, so daß es ihm schwer wird, sie aufzugeben. Wenn er aber der Neigung entgegen handelt, so wird sie schwach und kraftlos, und manchmal verschwindet und verflüchtigt sie sich ganz.

Nehmen wir z. B. an, es erblicke jemand ein schönes Antlitz und er empfinde zu ihm eine schwache natürliche Neigung; wenn er nun ihr folgt und ihr entsprechend handelt, die betreffende Person viel ansieht, viel mit ihr zusammen ist und mit ihr verkehrt, so wird die Neigung immer stärker werden, bis die Sache sich seinem Willen entzieht und er gar nicht mehr anders kann. Wenn er aber seine Seele von Anfang an entwöhnt und seiner Neigung entgegen handelt, so wirkt das auf die Neigung wie die Entziehung der Nahrung und wie eine Zurückstoßung und ein Schlag ins Gesicht, so daß sie infolge davon schwach und kraftlos wird und ganz verschwindet.

So verhält es sich mit allen Eigenschaften und gottgefälligen Werken, die auf das Jenseits gerichtet sind, und auch mit den bösen Handlungen, die auf die Welt und nicht das Jenseits gerichtet sind. Die Neigung der Seele zu den für das Jenseits verdienstlichen guten Werken und ihre Abkehr von den weltlichen Dingen führt sie zur Beschäftigung mit dem *Dhikr* und *Fikr*, und diese Verfassung wird nur gekräftigt durch die Übung in gottgefälligen Werken und die Unterlassung der Sünden der Glieder; denn zwischen den Gliedern und dem „Herzen“[63] besteht ein enger Zusammenhang, so daß sie beide einander beeinflussen. Wenn ein Glied verwundet wird, leidet bekanntlich auch das Herz, und

63 d. h. zwischen dem Äußern und Innern.

wenn das Herz durch die Nachricht vom Tode eines verehrten Freundes oder vom Hereinbrechen eines Unheils Schmerz empfindet, so werden auch die Glieder in Mitleidenschaft gezogen, die Flanken beben, und die Farbe verändert sich. Das Herz ist allerdings das maßgebende Prinzip, sozusagen der Emīr und der Hirte, die Glieder hingegen verhalten sich wie die Dienerschaft, die Herde und das Gefolge. Die Glieder dienen also dem Herzen, um dessen Eigenschaften in ihm zu befestigen; das Herz ist das Ziel, die Glieder sind Mittel, die zum Ziele führen. Darum sagt der hochgebenedeite Prophet: „Es gibt im Körper ein Klümpchen, ist dieses gesund, so ist es dadurch auch der übrige Körper", und weiter: „O Gott, laß gedeihen den Hirten und die Herde!" Mit dem Hirten meint er das Herz. Und Gott d. A. sagt (Sūra 22, 37): „Nicht erreicht Gott ihr Fleisch und Blut,[64] sondern es erreicht ihn eure Frömmigkeit", und diese ist eine Eigenschaft des Herzens.

Unter diesem Gesichtspunkt müssen ohne Zweifel die Tätigkeiten des „Herzens" im allgemeinen vorzüglicher sein als die Bewegungen der Glieder, daher muß auch die Absicht als zu jenen gehörig den Vorrang haben, denn sie bezeichnet die Richtung des Herzens auf das Gute und das Streben darnach; die Handlungen der Glieder haben für uns nur den Zweck[65], das Herz an das Streben nach dem Guten zu gewöhnen und die Richtung darauf in ihm zu befestigen, damit es sich von den weltlichen Begierden befreie und mit dem *Dhikr* und *Fikr* sich beschäftige. Letzteres[66] ist also notwendigerweise besser hinsichtlich des Zweckes, denn es befindet sich in dem Endzweck selbst. Es verhält sich damit

64 Fleisch und Blut der als Opfer geschlachteten Kamele.

65 J. *gharadunā*, M. wohl unrichtig *gharaduhā* „ihr Zweck".

66 d. h. das Streben nach dem Guten und die Richtung (*mail*) darauf. Subjekt von *yakūnu* ist *mail*.

so, wie wenn man den Magenschmerz entweder dadurch kuriert, daß man eine Salbe auf die Brust legt, oder durch einen Trank und eine Medizin, die (direkt) in den Magen geht. Hier ist das Einnehmen besser als die Salbe auf der Brust, denn auch diese hat nur den Zweck, eine Wirkung auf den Magen auszuüben.

Demnach ist das, was mit dem Magen selbst in Berührung kommt, besser und nutzbringender. In diesem Sinne muß auch die Wirkung der gottgefälligen Werke überhaupt verstanden werden. Denn sie haben lediglich den Zweck, das Herz umzuändern und seine Eigenschaften umzuwandeln, nicht die der Glieder. Man meine also nicht, daß das Hinlegen der Stirne auf den Boden insofern einen Zweck habe, als es eine Vereinigung der Stirne mit dem Boden ist, der Zweck ist vielmehr der, durch diese wiederholte Übung die Eigenschaft der Demut im Herzen zu befestigen. Denn wenn jemand sich im Besitz der Demut findet, dann mit den Gliedern eine unterwürfige Haltung einnimmt[67] und ihnen das Gepräge der Demut aufdrückt, so erstarkt seine Demut. Und wenn jemand in seinem Herzen Mitleid mit einem Waisenkind fühlt, so wird dadurch, daß er ihm Kopf und Gesicht streichelt, das Mitgefühl in ihm gestärkt.[68] Das Handeln ohne Absicht ist aber dafür völlig unnütz. Denn wenn jemand einem Waisenkind den Kopf streichelt, dabei aber an nichts denkt oder ein Kleid zu streicheln meint, so strömt von seinen Gliedern keine Wirkung auf sein Herz über, um darin das Mitgefühl zu stärken. Desgleichen wenn jemand in Zerstreutheit oder mit dem Gedanken an irdische Dinge beschäftigt eine Prostration macht, so geht von seiner Stirne und der Berührung derselben mit dem Boden keine

67 So J. *istakāna*, M. *istaʿāna* „nachhilft".

68 Das Streicheln des Waisenkindes Gott zuliebe wird in zahlreichen Traditionen anempfohlen. „Jedem Haar", heißt es, „über das er dabei mit seiner Hand fährt, wird ihm als gutes Werk angerechnet." (M.)

Wirkung auf sein Herz über, um die Demut darin zu stärken; sie ist vielmehr, als wäre sie nicht vorhanden. Was aber nur eine solche Existenz hat, die hinsichtlich des zu erreichenden Zieles seiner Nichtexistenz gleichkommt, das heißt nichtig (*bāṭil*). Darum nennt man eine religiöse Handlung ohne Intention nichtig.[69] Das Gesagte gilt für den Fall, daß jemand aufs Geratewohl handelt. Wenn er aber dabei auf Augendienerei oder die Ehrung einer anderen Person ausgeht, so kommt dessen Existenz nicht einfach seiner Nichtexistenz gleich, sondern er fügt noch ein Übel hinzu. Indem er nämlich die Eigenschaft, die zu kräftigen ist, kräftigt, kräftigt er zugleich eine andere, die zu bändigen ist, nämlich die Augendienerei, die eine weltliche Bestrebung darstellt. In diesem Sinne also ist die Absicht besser als das Werk.

So ist auch der Ausspruch des Hochgebenedeiten zu verstehen: „Wer eine gute Tat anstrebt, sie aber nicht zur Ausführung bringt, dem wird sie (trotzdem) als solche angerechnet." Denn das Streben des Herzens bedeutet seine Richtung auf das Gute und seine Abkehr von der Begehrlichkeit und der Liebe zur Welt, und das ist die höchste Stufe des Guten; die Ausführung der Handlung fügt nur eine Verstärkung hinzu. So ist auch der Zweck beim Ausgießen des Opferblutes nicht das Blut und das Fleisch, sondern die Abwendung des Herzens von der Liebe zur Welt und die Hingabe dieser Dinge Gott zuliebe. Diese Verfassung kommt durch eine entschiedene Absicht und Gesinnung zustande, auch wenn sich der Ausführung ein Hindernis entgegenstellt. „Nicht erreicht Gott ihr Fleisch und Blut, sondern es erreicht ihn eure Frömmigkeit" (Sūra 22, 37). „Die Gottesfurcht ist aber hier",

69 Das gilt aber nur für solche Handlungen, die primo et per se intendiert werden, z. B. das Gebetsoffizium, nicht aber für solche, die nur als Vorbereitung für jene dienen, z. B. die rituelle Waschung. So wenigstens nach der gewöhnlichen Ansicht.

nämlich im Herzen.[70] Deshalb sagte der Hochgebenedeite: „Es gibt Leute in der Stadt (Medina), die an unserem heiligen Krieg teilnehmen", wie oben ausgeführt wurde.[71] Denn ihre Herzen wollen ernstlich das Gute und die Hingabe von Gut und Blut, sie verlangen nach dem Martyrium und darnach, daß Gottes d. A. Wort erhöht werde, wie die Herzen derjenigen, die in den heiligen Kampf ziehen. Sie sind nur körperlich von ihnen getrennt, Hindernisse halber, welche die außerhalb des Herzens liegenden Mittel betreffen. Diese äußeren Dinge haben aber nur den Zweck, die betreffenden Eigenschaften zu kräftigen. In diesem Sinne sind alle Traditionen zu verstehen, die wir über die Vortrefflichkeit der Absicht angeführt haben. Man wende das Gesagte auf sie an, damit ihr eigentlicher Sinn klar werde. Wir wollen uns nicht mit einer Wiederholung aufhalten.

4.
Inwiefern die verschiedenen Handlungen von der Absicht abhängen[72]

Wenn auch die Tätigkeiten in viele Arten zerfallen wie handeln, reden, sich bewegen, ruhen, nehmen, zurückweisen, betrachten (*fikr*) und „gedenken" (*dikhr*) u. a., die nicht alle im einzelnen aufgezählt werden können, so lassen sie sich doch unter folgende drei Kategorien bringen: gottgefällige, schlechte, erlaubte Handlungen (*ṭāʿāt*, *maʿāṣī*, *mubāḥāt*).

70 Nach einer Tradition des Abū Huraira wiederholte der Prophet diesen Satz dreimal – eine vielfach von ihm bezeugte Gewohnheit –, indem er auf sein Herz deutete. (M.)

71 Vgl. oben S. 27.

72 Vgl. oben S. 23 Anm. 1.

a) Die schlechten Handlungen

Sie werden durch die Absicht nicht in ihrer Stellung verändert. Es darf also nicht ein Unverständiger den Ausspruch des Hochgebenedeiten: „Die Handlungen richten sich allein nach den Absichten", weil er allgemein gehalten ist, in diesem Sinne auffassen und meinen, daß eine Sünde durch die Absicht zu einem gottgefälligen Werke wird, wie wenn z. B. einer über jemanden schlecht spricht, um einem anderen gefällig zu sein, oder wenn er mit fremdem Gute einen Armen speist, oder wenn er eine Schule, Moschee oder ein Kloster mit unrechtmäßig erworbenem Vermögen errichtet und dabei eine gute Absicht hat. All das ist Verkehrtheit, denn die Absicht bewirkt keineswegs, daß jene Handlungen nun aufhören, Unrecht und Sünde zu sein. Vielmehr ist das Anstreben von etwas Gutem durch eine Schlechtigkeit, die gegen das göttliche Gesetz verstößt, eine weitere Schlechtigkeit. Wer das weiß, der vergeht sich gegen das Gesetz, und wer es nicht weiß, der sündigt durch seine Unwissenheit, denn „das Streben nach Erkenntnis ist eine Pflicht für jeden Muslim".[73] Die guten Handlungen werden als solche nur durch das Gesetz erkannt,[74] wie könnte also eine Schlechtigkeit zu etwas Gutem werden? Nie und nimmermehr! Es ist nur die heimliche Begehrlichkeit und die versteckte Leidenschaft, die dem Herzen das einzureden sucht. Wenn nämlich das Herz darauf aus ist, Ruhm zu erwerben, die Menschen sich geneigt zu machen und was dergleichen sinnliche Bestrebungen mehr sind, so bedient sich

73 Natürlich ist in diesem viel zitierten, auf den Propheten zurückgeführten Ausspruch nur das für die Erlangung der Seligkeit notwendige, das Jenseits betreffende Wissen (*'ilm al-ākhira*) gefordert.

74 An sich gute Handlungen, actiones intrinsece bonae, gibt es nach der orthodoxen muslimischen Lehre nicht. Vgl. *Dogmatik al-Ghazālī's*, S. 70.

dessen der böse Feind, um dem Unverständigen etwas vorzuspiegeln. Deshalb sagt Sahl [at-Tustarī]: „Es gibt keine größere Sünde gegen Gott d. A. als die Unkenntnis.“[75]

Als man ihn fragte: „Kennst du etwas Ärgeres als die Unkenntnis, Abū Muḥammed?“, antwortete er: „Allerdings, die Unkenntnis der Unkenntnis“.[76] So verhält es sich in der Tat. Denn die Unkenntnis der Unkenntnis läßt es überhaupt nicht zum Lernen kommen. Wie sollte auch einer, der sich für gescheit hält, lernen wollen? Darum ist das, wodurch Gott am vorzüglichsten gedient wird, die Erkenntnis, und die Haupterkenntnis ist die Erkenntnis der Erkenntnis, so wie die schlimmste Unkenntnis die Unkenntnis der Unkenntnis ist. Denn wer das nützliche Wissen vom schädlichen nicht unterscheidet, der beschäftigt sich mit dem prunkhaften Wissen, um das sich die Leute so sehr bemühen, das ihnen aber nur als ein Mittel für weltliche Bestrebungen dient. Das ist törichtes Zeug und die Quelle der Verderbnis der Welt.

Wir wollen also sagen, daß jemand, der aus Unwissenheit etwas Gutes durch eine sündhafte Handlung zu erreichen sucht, nicht zu entschuldigen ist, es sei denn, daß er sich erst vor kurzem zum Islam bekehrt und noch keine Gelegenheit gefunden hat, das erforderliche Wissen sich anzueignen. Darum sagt Gott, gepriesen sei er (Sūra 16, 43): „Fragt nur das Volk der Ermahnung,[77] wenn ihr nicht im klaren seid.“

75 Auch in der Lehre Buddhas (und früher schon in der Sāṃkhya- und Yoga-Philosophie) gilt als das Grundübel die Unwissenheit (*Avidyā*).

76 *Qūt* II, 153, 15.

77 Unter *ahl adh-dhikr* sind (nach al-Baiḍāwī zur Stelle) die *ahl al-kitāb*, also Juden und Christen, zu verstehen bzw. deren Gelehrte. Nach P. Joüon, *Mélanges de la fac. or.* (Beyrouth) III, 154 wäre hier *dhikr* = Prophetie.

Und der hochgebenedeite Prophet sagt:[78] „Der Unwissende hat keine Entschuldigung für seine Unwissenheit. Der Unwissende darf nicht bei seiner Unwissenheit schweigen und der Wissende nicht bei seinem Wissen."[79]

Ähnlich jenen Herrschern, die durch den Bau von Schulen und Moscheen mit ungerechtem Gut sich Verdienste erwerben wollen, handeln also jene Pseudogelehrten, wenn sie ihr Wissen dummen und schlechten Menschen beibringen, die sich den Sünden und Ausschweifungen ergeben, deren Streben sich darauf beschränkt, „mit Gelehrten zu disputieren, mit Narren zu konkurrieren, die Aufmerksamkeit der Menschen auf sich zu ziehen",[80] weltlichen Tand zu erringen und das Vermögen der Fürsten, der Armen und Waisen sich anzueignen. Denn solche Leute werden, wenn sie etwas gelernt haben, zu Räubern auf dem Wege Gottes, und jeder von ihnen ersteht in seinem Lande als ein Vertreter des Antichristen (*dajjāl*),[81] indem er sich auf die Welt stürzt, seiner Leidenschaft nachgeht, von der Gottesfurcht sich entfernt und durch sein Beispiel die Menschen zur Versündigung gegen Gott d. A. ermutigt. Dieses Wissen verbreitet sich dann wohl zu seinesgleichen, die es ihrerseits wieder als Mittel und Werkzeug zum Bösen und zur Befriedigung ihrer Leidenschaft mißbrauchen. So geht es immer weiter, und das ganze Unheil fällt auf den Lehrer zurück, der einen solchen Menschen die Wissenschaft gelehrt

78 *Qūt* II, 153, 13.

79 d. h. der Unwissende hat andere zu befragen, und der Wissende hat andere zu belehren.

80 Im *Minhāj al-ʿābidīn* unseres Autors (ed. Kairo 1327, S. 8, 13) als Ausspruch des Propheten angeführt mit dem Nachsatz: „einen solchen schickt Gott in die Hölle".

81 Vgl. *Enzykl. des Islam* 1, 924.

hat, obwohl er seine schlechte Gesinnung und Absicht kannte[82] und seine mannigfachen Sünden in Wort und Tat, in Nahrung, Kleidung und Wohnung mit Augen sah. Wenn nun dieser Gelehrte stirbt, so dauert sein unheilvoller Einfluß fort und verbreitet sich über die ganze Welt, auf tausend und zweitausend Jahre hinaus zum Beispiel. Wohl dem Manne, mit welchem, wenn er stirbt, auch seine Sünden sterben.

Man muß sich wundern über den Unverstand eines solchen, wenn er sagt: „‚Die Handlungen richten sich nur nach den Absichten.‘“ Ich hatte dabei nur die Verbreitung des Wissens im Auge, und wenn der andere davon einen schlechten Gebrauch macht, so begeht er die Sünde, nicht ich; ich wollte damit nur, daß er es zum Guten verwende.“

In Wirklichkeit ist es nur die Rangsucht, der Wunsch, einen Anhang zu haben und als wissenschaftliche Größe dazustehen, der ihm solches vormalt, und der Teufel verblendet ihn durch die Sucht, den großen Mann zu spielen. Was würde er wohl dem erwidern, der einem Räuber ein Schwert gibt, ihm ein Reittier zur Verfügung stellt und was er sonst für seinen Zweck braucht, und der dann sagt: „Ich wollte nur die Freigebigkeit betätigen und als vornehmer Charakter mich bezeigen, und meine Absicht war, er solle mit diesem Schwert und Roß für die heilige Sache kämpfen; denn die Lieferung eines Pferdes und der sonstigen Ausrüstung für den Krieg ist eines der höchsten Verdienste. Wenn er diese Dinge zur Räuberei verwendet hat, so ist das seine Schuld.“

Es ist doch einmütige Ansicht der Rechtsgelehrten, daß solches verboten ist, obgleich Gott d. A. keine Tugend mehr liebt als die der Freigebigkeit, und der hochgebenedeite Gottgesandte sagt: „Es gibt 300 Tugenden. Wer mit einer von ihnen vor Gott kommt, der

82 *maʿa ʿilmihi* ist bei M. ausgefallen.

wird ins Paradies eingeben, aber die liebste ist ihm die Freigebigkeit." Warum ist denn hier die Freigebigkeit unerlaubt, und warum muß ich bei diesem Übeltäter die näheren Umstände ins Auge fassen, und wenn mir klar ist, daß er die Waffen gewohnheitsmäßig zum Schlechten verwendet, ihm die Waffen abzunehmen trachten, statt ihm andere dazu zu geben?

Nun, auch das Wissen ist eine Waffe, womit der Teufel und die Feinde Gottes zu bekämpfen sind, manchmal aber werden dadurch die Feinde Gottes, d. h. die bösen Neigungen unterstützt. Wenn jemand fortwährend die Welt dem Übernatürlichen vorzieht und seine Lust dem Jenseits und bei seiner Untüchtigkeit nicht über sie Herr werden kann, wie sollte es erlaubt sein, einen solchen mit Wissen auszustatten, durch das er nur in den Stand gesetzt würde, seine Leidenschaften zu befriedigen? Die Gelehrten der Vorzeit, Gott d. A. habe sie selig, pflegten vielmehr ein genaues Auge zu haben auf die Verfassung derer, die bei ihnen Unterricht nahmen. Wenn sie merkten, daß einer es an den freiwilligen Tugendübungen fehlen ließ, äußerten sie ihr Mißfallen und entzogen ihm ihre Achtung, und wenn sie gar sahen, daß er das Gesetz übertrat und das Verbotene für erlaubt nahm, brachen sie mit ihm, verboten ihm den Zutritt und redeten nicht mehr mit ihm, geschweige denn, daß sie ihn weiter unterrichtet hätten. Denn wer ein Fragestück lernt, aber nicht darnach handelt, sondern sich an etwas anderes hält, der sucht nur ein Werkzeug zum Bösen. Darum das Entsetzen[83] aller Altvordern vor einem Gesetzesübertreter, der die Sunna kennt, nicht aber vor einem solchen, der unwissend ist.

Von einem Schüler des Aḥmed b. Ḥanbal wird erzählt, daß er jahrelang bei ihm hörte, auf einmal wandte sich Aḥmed von ihm ab, brach mit ihm und redete kein Wort mehr mit ihm. Als jener

83 Eigentlich „Gott um Hilfe anrufen".

fortgesetzt in ihn drang, diese Veränderung zu erklären, hielt er mit der Antwort zurück, schließlich sagte er: „Es wurde mir berichtet, du habest dein Haus an der Straßenseite mit Lehm verputzen lassen und dazu mit einer ganz dicken Schicht, das ist eine Verunzierung der Straße der Muslime. Du eignest dich nicht dazu, die Wissenschaft zu tradieren." Ein solches Auge hatten die Altvordern auf das Verhalten der Jünger der Wissenschaft. Aber dergleichen begreifen diese Narren und Satansjünger nicht, auch wenn sie den Ṭailasān[84] und weite Ärmel tragen, hohe Töne reden und sehr ausführlich sind, ausführlich nämlich in jenen Wissenschaften, die nichts enthalten von Warnung vor der Welt und der Abschreckung vor ihr, keine Anfeuerung für das Jenseits und keinen Hinweis darauf, sondern Wissenschaften, die sich nur auf das Irdische beziehen, durch die man eitlen Tand erwirbt, einen Anhang gewinnt und seine Rivalen aussticht.

Demnach betrifft der Ausspruch des Hochgebenedeiten: „Die Handlungen richten sich allein nach den Absichten" von den obengenannten drei Kategorien nur die guten und erlaubten Handlungen, nicht aber die schlechten; denn die guten Handlungen werden durch die Absicht schlecht, die erlaubten werden je nach der Absicht entweder gut oder schlecht, die

84 Vgl. über dieses wohl mit der *ṭarḥa* identische Kleidungsstück, das Kopf und Schultern oder nur diese bedeckt, DOZY, *Dictionnaire détaillé des noms des vêtements*, S. 278 ff., und DE SACY, *Chrestomathie arabe*[2] II, 269. Bei AL-BĒRŪNĪ, *India* (ed. Sachau), S. 280, 16 ist damit offenbar ein Mantel gemeint, wenn er nach Lukas 6, 29 die Vorschrift erwähnt, dem, der den Ṭailasān raubt, auch das Hemd nachzuwerfen. Herrn Prof. Brockelmann verdanke ich noch folgende Belege: AL-YA'QŪBĪ, *Historiae* (ed. Houtsma) S. 180 u (Mantel für Frauen der Armen), *Kitāb al-Aghānī*[2] V, 148, 5 und AD-DĪNAWARĪ, *Al-akhbār aṭ-ṭiwāl* (ed. Guirgass), S. 138, 3 (Dienerkleid). Es ist also nicht ganz klar, welche Form dieses Amtskleid der Faqīhs damals hatte.

schlechten hingegen werden durch die Absicht niemals gut. Wohl aber kommt für sie die Absicht insofern in Betracht, als dabei mit der Vervielfältigung der schlechten Absichten auch ihre Schuld vervielfältigt und die Strafe dafür schwerer wird, wie wir das im Buch über die Buße[85] ausgeführt haben.

b) Die guten Handlungen

Sie hängen ab von der Intention sowohl hinsichtlich ihrer Gültigkeit an sich als auch hinsichtlich der Vervielfältigung ihres Wertes. Was den ersten Punkt betrifft, so kommt es darauf an, daß man durch die Handlung einzig und allein die Verehrung Gottes d. A. bezweckt; wenn man dabei Augendienerei (*riyāʾ*) beabsichtigt, so werden sie zur Sünde. Und was die Vervielfältigung ihres Wertes betrifft, so wird sie erreicht durch die Vielheit von guten Meinungen. Man kann nämlich bei derselben guten Handlung ein mehrfaches Gutes beabsichtigen, so daß ihr für jede Intention eine Belohnung zusteht; denn jede einzelne von ihnen ist gut, und jede wird dann zehnmal vervielfältigt, wie die Tradition lautet.

So verhält es sich z. B. mit dem Aufenthalt in der Moschee; denn das ist eine gute Handlung, man kann aber dabei verschiedene[86] gute Absichten haben, so daß sie zu einer Tugendhandlung der *Muttaqūn* wird und man die Grade der *Muqarrabūn* damit erreicht.[87]

85 Das erste des vierten Teiles (der *munjiyāt*) oder das 31. des ganzen Werkes.

86 Im wesentlichen nach *Qūt* II, 154, 31 ff.

87 Betreffs der Einreihung dieser verschiedenen Grade der Vollkommenheit besteht keine Einheitlichkeit. Nach M. (ich kann die Stelle augenblicklich nicht finden) entsprechen die *muttaqūn* (gewöhnlich mit „Gottesfürchtige" wiedergegeben, eigentlich „die sich in acht nehmenden") dem dritten Teil von al-Ghazālīs Werk, das von den „zum Verderben führenden" Dingen

Die erste Intention besteht darin, den Glauben zu erwecken, daß sie das Haus Gottes ist und daß der hier Eintretende Gott seinen Besuch macht. Man soll also beabsichtigen, seinen Herrn zu besuchen im Hinblick auf die Verheißung des hochgebenedeiten Gottgesandten: „Wer in der Moschee weilt, der ist bei Gott zu Besuch; dem Besuchten kommt es aber zu, den Besuchenden zu ehren."

Zweitens soll man von einem Gebetsoffizium auf das andere warten, dann gilt die ganze Wartezeit als Gebet. Das ist gemeint mit dem Gotteswort (Sūra 3, 200): „Und harret aus (*wa-rābiṭū*)".[88]

Drittens soll man darauf achten, Auge und Ohr im Zaume zu halten und seine Glieder nicht viel hin und her zu bewegen, denn *i'tikāf*[89] ist *kaff* d. h. *ṣaum* („sich enthalten"), und das ist eine Art *tarahhub* (Enthaltsamkeit, Askese, Mönchtum). Deshalb sagt der hochgebenedeite Gottgesandte: „Die *rahbānīya* meiner Gemeinde ist das Weilen in den Moscheen".[90]

(*muhlikāt*) und davon handelt, sich vor diesen in acht zu nehmen. Dem ersten Teil entsprechen nach der gleichen Stelle die *'ābidūn* („Dienende"), dem zweiten die *sālikūn* („Wandelnde") und dem vierten die *mukhliṣūn* („Lautere"). – Die *muqarrabūn* „Nahgestellte" sind nach M. II, 40 solche, die ohne Rechenschaftsablegung ins Paradies eingehen. Vgl. BAUER, *Dogmatik al-Ghazālī's*, S. 15 Anm. 1.

88 Diese Erklärung ist die offizielle, sie findet sich auch bei al-Baiḍāwī zur Stelle. Nach einer Tradition des Abū Huraira fügte der Prophet, nachdem er das Warten von einem Gebetsoffizium auf das andere erwähnt, dreimal hinzu: *fa-dhālikum ar-ribāṭ*, „das da ist das ‚Ausharren'".

89 *I'tikāf* ist das mit Fasten und Andachtsübungen verbundene „Sich-Zurückziehen" in eine Moschee, franz. *retraite*, etwa den „geistlichen Exerzitien" entsprechend. Mit *kaff* hat das Wort natürlich etymologisch nichts zu tun. Wenig später steht *i'tizāl* in demselben Sinne.

90 Sonst in der Fassung: [Es gibt kein Mönchtum (*rahbānīya*) im Islam], die *rahbānīya* meiner Gemeinde ist der heilige Krieg." Vgl. GOLDZIHER, *Muhammedanische Studien* II, 394.

Viertens soll man seinen ganzen Sinn auf Gott richten und sich konzentrieren auf den Gedanken an das Jenseits und alles von sich weisen, was einen bei seiner „Zurückgezogenheit" in der Moschee stören und ablenken könnte.

Fünftens soll man dem *dhikr* Gottes d. A. sich ganz hingeben oder ihn anhören und einen solchen anregen,[91] gemäß dem, wie es in der Tradition heißt: „Wenn einer morgens in die Moschee geht, um den *dhikr* zu verrichten oder einen *dhikr* anzuregen, so ist das soviel, als ob er für die heilige Sache kämpfte."

Sechstens soll man bestrebt sein, andere zu belehren, indem man sie auf das Gebotene hinweist und sie vom Verbotenen abhält. Denn in der Moschee gibt es immer den oder jenen, der das Offizium nicht ordentlich verrichtet oder etwas treibt, was er nicht darf. Wenn man einen solchen auf seine Pflicht hinweist und zum rechten Gottesdienst anleitet, so hat man Anteil an dem Guten, das der Betreffende von einem lernt, und man vervielfältigt dadurch seine eigenen guten Werke.

Siebentens soll man seinen Bruder in Gott belehren, denn das ist eine „Beute" und ein Schatz fürs Jenseits. Die Moschee ist nämlich der „Nistort" der religiösen Leute, die Gott und in Gott lieben.

Achtens soll man alles Sündhafte meiden aus Scheu vor Gott d. A. und aus Furcht, im Hause Gottes etwas zu treiben, was die Heiligkeit des Ortes verletzen würde.

So sagt al-Ḥasan b. ʿAlī [92], Gott habe sie beide selig: „Wenn einer oft und gern zur Moschee geht, dem spendet Gott eines der sieben folgenden Dinge: (1) einen Bruder in Gott, den er belehrt, oder (2) eine Gnade, die ihm herabgesandt wird, oder (3) eine feine Erkenntnis oder (4) ein Wort, das ihn zum Rechten leitet

91 Es ist mit *Qūt* I, 154, 35 zu lesen *tadhkīr* statt des im Text stehenden *tadhakkur*.

92 Gest. wahrscheinlich 49 (669). Vgl. *Enzykl. des Islam* II, 290 f.

oder (5) vom Bösen abhält, oder (6) daß er die Sünde meidet, sei es aus Scheu oder (7) aus Furcht."

Auf diese Weise also lassen sich die Intentionen vervielfältigen. Man mache die Anwendung auf die übrigen guten und erlaubten[93] Handlungen. Es gibt keine gute Handlung, die nicht mehrere Intentionen verträgt, aber sie werden dem Herzen des Gläubigen nur gegenwärtig in dem Maße, wie er in Streben nach dem Guten sich anstrengt, sich dafür bemüht und darüber nachdenkt. So also werden die Handlungen geläutert und die guten Werke vervielfältigt.

c) Die erlaubten Handlungen[94]

Mit jeder erlaubten Handlung lassen sich eine oder mehrere Intentionen verbinden, so daß sie dadurch zu einem besonders verdienstlichen Werk wird, durch das man eine höhere Stufe erreicht. Wie viel verliert doch der, welcher nicht darauf achtet, sondern sie zerstreut und gedankenlos verrichtet wie die sich selbst überlassenen Tiere. Der Mensch darf keine Regung, keine Bewegung und keinen Blick für geringfügig ansehen, denn über all das wird er am jüngsten Tage Rechenschaft abzulegen haben, warum er es getan und was er damit bezweckt.

Das bezieht sich auf die rein erlaubten Handlungen, denen nichts von Mißbilligung anhaftet, von denen daher der Hochgebenedeite sagt: „Das Erlaubte davon zieht Rechenschaft nach sich und das Verbotene Strafe." [95]

93 So im Text. Diese werden aber im nächsten Abschnitt besonders behandelt.

94 Sie entsprechen den „ actiones intrinsece indifferentes" der scholastischen Ethik.

95 Nur auf den ersten Teil dieses Satzes kommt es hier an.

In einer Tradition des Muʿādh b. Jabal[96] heißt es: Der hochgebenedeite Prophet sagt: [97] „Der Mensch wird am jüngsten Tag über alles Rechenschaft abzulegen haben, sogar über das Schminken seiner Augen und daß er ein Stückchen Erde mit seinen Fingern zerkrümelt und das Kleid seines Bruders berühret hat."

Und in einer anderen Tradition[98] heißt es: „Wer für Gott sich parfümiert, der wird am jüngsten Tage lieblicher duften als Moschus, wer aber für jemand anderen sich parfümiert, der wird am jüngsten Tag übler riechen als ein Aas." Der Gebrauch des Parfüms ist also erlaubt, es muß jedoch eine Intention dabei sein. Wenn man aber fragt: Was kann man denn beim Parfümieren, das doch eine sinnliche Ergötzung[99] ist, für eine Intention haben, und wie kann man sich für Gott parfümieren, so antworte ich: Wer sich z. B. am Freitag oder zu anderen Zeiten parfümiert, der kann dabei entweder einen weltlichen Genuß erstreben, oder er will seinen Reichtum zeigen und damit großtun, damit ihn seine Kollegen beneiden, oder er will bei den Leuten Eindruck machen (*riyāʾ al-khalq*), daß sie eine hohe Meinung von ihm bekommen und von seinem angenehmen Geruch erzählen, oder er will auf diese Weise fremden Frauen seine Zuneigung kundgeben, wenn er es nicht[100] für statthaft hält, sie anzublicken, oder er verfolgt andere Zwecke, die wir nicht alle aufzählen können. All das macht das Parfümieren sündhaft, und ein

96 Gest. 14 (635) oder etwas später.

97 *Qūt* II, 162, 33.

98 *Qūt* II, 162, 35. Vgl. oben S. 30.

99 Das ist offenbar der Sinn von *ḥaẓẓ min ḥuẓūẓ an-nafs*. Vgl. unten S. 60, wo Essen und Coitus als die mächtigsten *ḥaẓẓ an-nafs* bezeichnet werden. Manchmal hat der Ausdruck die allgemeinere Bedeutung „sinnliche, selbstsüchtige Interessen". Darnach ist z. B. auch R. HARTMANN, *Das Ṣūfītum nach al-Qushairī*, S. 95 Anm., zu präzisieren.

100 Die Negation fehlt im Text, sie wird aber, meine ich, durch den Sinn notwendig gefordert.

solcher wird dafür am jüngsten Tage „übler riechen als ein Aas". Nur die erstgenannte Absicht, eine sinnliche Ergötzung haben zu wollen, ist keine Sünde, er wird aber darüber verhört werden, und „wer in scharfes Verhör genommen wird (*nūqisha*), der wird gezüchtigt",[101] und wer sich etwas Erlaubtes in der Welt gestattet, der wird dafür im Jenseits nicht gezüchtigt, es wird ihm aber die jeweilige Seligkeit dementsprechend gemindert. Was ist das aber für ein Verlust, sich für den Augenblick etwas zu beschaffen, was vergeht, und dabei ein Mehr an Seligkeit zu verlieren, die nicht vergeht!

Gute Intentionen hingegen sind solche, wie die Gewohnheit des hochgebenedeiten Propheten am Freitag zu befolgen, die Moschee zu verherrlichen und das Haus Gottes zu ehren, so daß man es nicht für in Ordnung hält, die Moschee zum Besuche Gottes unparfümiert zu betreten. Man kann ferner die Absicht haben, auf diese Weise seinen Nachbarn eine Annehmlichkeit zu bereiten, damit es ihnen, wenn sie einen so wohlriechenden Mann neben sich haben, in der Moschee besser gefalle, oder es kann einer dadurch die üblen Gerüche beseitigen wollen, die seiner Gesundheit schaden könnten, oder er kann den Lästerern keinen Anlaß zu übler Nachrede geben wollen, die sonst wegen seines üblen Geruches schlecht von ihm reden und so seinetwegen Gott beleidigen würden. Wer nämlich einer üblen Nachrede sich aussetzt, obwohl er es vermeiden könnte, der gilt als Mitschuldiger bei dieser Sünde, wie es im Verse heißt: „Wenn du dich von Leuten absonderst, und sie hätten bewirken können, daß du dich nicht von ihnen entfernst, so sind sie es, die sich absondern."

Und Gott d. A. sagt (Sūra 6, 108): „Und schmähet nicht diejenigen, die sie neben Allah anrufen, sie könnten sonst Allah

101 So lautet eine Tradition.

aus Unwissenheit schmähen."[102] Damit hat er angedeutet, daß das Anlaßbieten zum Bösen etwas Böses ist. – Oder man kann das Parfüm als Arznei für das Gehirn gebrauchen wollen, damit man dadurch scharfsinniger und intelligenter werde und seine religiösen Pflichten durch Nachdenken besser erkennen könne. Sagt doch ash-Shāfiʿī[103], Gott d. A. habe ihn selig: „Wohlgeruch mehrt den Verstand".

Es wird einem Verständigen nicht schwer sein, diese und ähnliche Intentionen zu erwecken, wenn er ganz vom Geschäft des Jenseits und vom Streben nach dem Guten eingenommen ist; ist er aber nur von weltlichen Vergnügungen eingenommen, so werden solche Intentionen bei ihm sich nicht einstellen, und wenn man ihn auf sie aufmerksam macht, wird doch sein Inneres sich nicht darnach richten, sondern sie werden bei ihm nur leere Vorstellung[104] bleiben, das ist aber keineswegs eine wirkliche Intention.

Die Zahl der erlaubten Handlungen ist so groß, daß es unmöglich ist, für alle die entsprechenden Intentionen aufzuzählen. Man mache also von diesem einen Fall die Anwendung auf die übrigen. So sagt ein alter „Gnostiker" (*ʿārif*): „Ich liebe es, bei allem eine Intention zu machen, selbst wenn ich esse und trinke und mich niederlege und wenn ich auf den Abort gehe".[105] Mit all diesem kann man die Intention verbinden, Gott d. A. nahe zu kommen,

102 d. h.: Schmähet nicht die Götter der Heiden, damit sie nicht aus Rache den wahren Gott schmähen. Auch al-Baiḍāwī bemerkt zu dieser Stelle, sie sei ein Beweis dafür, daß man selbst eine gute Tat unterlassen müsse, wenn sie der Anlaß zu einer Sünde würde, welche die gute Tat aufwiegt.

103 Der Begründer der nach ihm benannten Schulrichtung (*madhhab*), gest. 204 (820) in Kairo (Fusṭāṭ). Vgl. BROCKELMANN, *Geschichte der arab. Literatur* I, 178 ff.

104 Das ist wohl hier mit *ḥadīth an-nafs* gemeint.

105 *Qūt* II, 154, 19.

denn alles, was den Körper erhält und den Geist von körperlichen Bedürfnissen frei macht, ist ein Hilfsmittel für die Religion. Wer also die Absicht hat, durch das Essen sich für den Dienst Gottes zu kräftigen und durch Ausübung des Beischlafes seine „Religion"[106] zu bewahren, das Herz seiner Frau zu erfreuen und ein frommes Kind zu bekommen, auf daß es Gott d. A. nach seinem Tode diene und die Gemeinde Muḥammeds, des Hochgebenedeiten, vermehrt werde, der vollbringt mit dem Essen und dem Beischlaf ein gottgefälliges Werk. Diese beiden sind zwar die stärksten sinnlichen Ergötzungen, aber für den, dessen Herz ganz auf das Jenseits gerichtet ist, ist es nicht unmöglich, mit ihnen eine gute Intention zu verbinden.

Desgleichen muß einer, wenn er Vermögen eingebüßt hat, eine gute Meinung erwecken und sprechen: „Es sei für den Weg Gottes!" Und wenn er erfährt, daß ein anderer ihn verleumdet hat, so soll er sich damit trösten, daß dieser nun seine Verfehlungen tragen wird, während ihm dessen Verdienste zugute geschrieben werden, und er soll das im stillen tun, ohne etwas zu erwidern.

In einer Tradition heißt es: Ein Mensch wird zur Rechenschaft gezogen, und all seine Werke sind nichtig infolge eines ihnen anhaftenden Mangels, so daß er die Hölle verdient; da werden gute Werke von ihm entfaltet, die ihn des Paradieses würdig machen. Er wundert sich über diese und spricht: „Diese Werke habe ich gar nicht verrichtet, o Herr". Man antwortet ihm: „Das sind die Werke derer, die dich verleumdet und geschädigt und dir Unrecht zugefügt haben".

106 *Dīn* bedeutet hier das „rechte Verhältnis zu Gott", das auch die Befolgung seiner Gebote in sich schließt, und entspricht etwa dem status gratiae. Durch den erlaubten Akt wird das periculum incontinentiae und damit die Gefahr, Gottes Gebot zu übertreten und aus dem status gratiae herauszufallen, beseitigt.

In einer anderen Tradition heißt es:[107] „Ein Mensch kommt bei der Auferstehung mit guten Werken wie Berge so groß; würden sie ihm zuteil, so würde er ins Paradies eingehen. Es stellt sich aber heraus, das er diesem Unrecht zugefügt, jenen gekränkt und einen dritten geschlagen hat; da wird nun von seinen guten Werken für diesen etwas abgeschnitten und für jenen etwas abgeschnitten, bis für ihn kein gutes Werk mehr übrigbleibt. Da rufen die Engel: ‚Seine guten Werke sind zu Ende, und es sind noch weitere Gläubiger da.‘ Da antwortet Gott d. A.: ‚Werft von ihren Verfehlungen auf ihn, dann stoßt ihn in die Hölle‘“.

Nimm dich also ja in acht, irgendeine deiner Tätigkeiten für geringfügig zu halten, so daß du vor ihren Tücken und Schäden nicht auf der Hut bist und keine Antwort beireithältst für den Tag der Rechenschaftsablegung. Denn Gott d. A. schaut auf dich und ist Zeuge, und „er (der Mensch) spricht kein Wort, außer es ist bei ihm ein bereiter Wächter“ (Sūra 50, 18).

Einer der Altvordern erzählt:[108] Ich hatte etwas geschrieben und wollte es an der Wand eines meiner Nachbarn abtrocknen, da bekam ich Bedenken, sagte aber dann: „Ach was, Staub, was ist Staub?“ und trocknete es ab. Da rief mir eine geheimnisvolle Stimme (*hātif*)[109] zu: „Es wird erfahren, der den Staub hat verachtet, wie schlimm morgen sein wird die Rechenschaft.“

Es betete einmal ein Mann mit [Sufyān] ath-Thaurī und bemerkte, daß dieser seinen Mantel verkehrt anhatte. Er machte ihn darauf aufmerksam, und dieser streckte die Hand aus, um ihn richtig anzuziehen; dann zog er die Hand wieder zurück und ließ ihn, wie er war. Als der Mann ihn darüber befragte, antwortete er:

107 Vgl. *Qūt* II, 153, 24 ff.
108 *Qūt* II, 163, 2 ff.
109 Vgl. *Enzykl. des Islam* II, 306.

„Ich habe ihn angezogen für Gott und will ihn nicht in Ordnung bringen für einen anderen".

Ḥasan [al-Baṣrī] sagt: Am jüngsten Tage wird sich ein Mann an den anderen heranmachen und ihm zurufen: „Zwischen mir und dir ist Gott". „Bei Gott, ich kenne dich nicht", erwidert dieser. „Doch", entgegnet der erste, „du hast einen Ziegelstein aus meiner Wand genommen, du hast einen Faden aus meinem Kleid genommen".

Diese und ähnliche Traditionen machen das Herz vor Furcht vergehen. Wer nun ein Mann von entschiedenem Ja und Nein ist und sich nicht betören läßt, der schaue jetzt auf sich selbst und fordere von sich genaue Rechenschaft, bevor man sie von ihm fordert, er beobachte seinen Zustand und erwäge bei allem Tun und Lassen zuerst, warum er sich betätigt, was er damit bezweckt, was er dadurch für das Diesseits gewinnt und was er für das Jenseits verliert, und worin er mehr Gewicht auf das Diesseits legt als auf das Jenseits. Wenn er dann erkennt, daß kein anderer Beweggrund als ein religiöser im Spiele ist, so führe er aus, was er beschlossen und was er im Sinne hat. Im anderen Fall aber halte er inne und prüfe noch einmal sein Inneres, während er abwartet und innehält; denn die Unterlassung des Handelns ist auch ein Handeln. Er muß ferner eine richtige Meinung erwecken, auch darf keine heimliche Leidenschaft, die er nicht bemerkt, dabei im Spiele sein. Er lasse sich nicht täuschen durch die Außenseite der Dinge und das Aufheben, das von manchen guten Handlungen gemacht wird, sondern gehe den Dingen auf den Grund.[110]

Es wird erzählt,[111] daß Zacharias, gebenedeit sei er, einmal eine Wand mit Lehm auszubessern hatte, er war nämlich Tage-

110 J. hat noch: „und er gehöre nicht zu den Leuten, die sich betören lassen."

111 *Qūt* II, 156, 22 ff.

löhner. Als man ihm sein Essen brachte – er aß nur von seiner Hände Arbeit –, traten Leute zu ihm hinein, er forderte sie aber nicht zum Mitessen auf, bis er selbst fertig war. Sie wunderten sich darüber, weil ihnen seine Freigebigkeit und seine Askese wohl bekannt war; sie meinten eben, das Gute bestehe in der Aufforderung zum Mitessen. Da sagte er: „Ich arbeite bei Leuten um Lohn, sie haben mir nun zu essen gebracht, damit ich mich kräftige für ihre Arbeit. Hättet ihr mitgegessen, so würde es weder für euch noch für mich ausgereicht haben und ich wäre zu schwach geworden für ihre Arbeit." So schaut der Verständige durch göttliche Erleuchtung auf das Innere der Dinge. Denn die Unfähigkeit zu arbeiten wäre ein Mangel in der Pflichterfüllung gewesen, die Unterlassung der Einladung zum Essen hingegen war nur der Mangel einer rühmlichen Eigenschaft; die letzteren dürfen aber mit den Pflichten nicht auf eine Stufe gestellt werden.

Es erzählte jemand: „Ich kam zu Sufyān [b. ʿAbd ar-Raḥmān b. ʿĀṣim],[112] wie er gerade beim Essen war. Er redete kein Wort zu mir, bis er seine Finger abgeleckt hatte, dann sagte er: ‚Hätte ich es nicht auf Borg genommen, so hättest da auch davon essen müssen.'"

Sufyān [ath-Thaurī] sagt:[113] „Wenn jemand einen anderen zum Essen einlädt, ohne daß es ihm mit der Einladung ernst ist, und der andere nimmt die Einladung an und ißt, so lastet auf dem ersteren eine doppelte Schuld, und wenn er nicht ißt, eine einfache Schuld." Er meinte mit der einen Schuld die Heuchelei und mit der anderen, daß er seinen Bruder zu etwas verleitet, das ihm zuwider wäre, wenn er den wirklichen Sachverhalt kennen würde.

112 Daß dieser und nicht Sufyān ath-Thaurī gemeint ist, ergibt sich aus *Qūt* II, 156, 26, wo er Sufyān abū ʿĀṣim heißt. (M.)

113 *Qūt* II, 152, 16 ff.

Auf diese Weise soll der Mensch bei allen Handlungen seine Intention prüfen und nichts tun oder unterlassen außer mit einer Intention. Und wenn sich keine Intention bei ihm einstellt, so halte er inne, denn die Intention läßt sich nicht willkürlich erwecken (*lā tadkhulu taḥta 'l-ikhtiyār*).

5.
Die Intention läßt sich nicht willkürlich erwecken[114]

Wenn ein Unverständiger die vorausgegangene Anweisung, wie man eine Intention erwecken und sie vervielfältigen kann, vernimmt und zugleich den Ausspruch des Hochgebenedeiten: „Die Handlungen richten sich nur nach den Absichten", so sagt er vielleicht bei sich, wenn er Unterricht geben oder ein Geschäft abschließen oder essen will: „Ich will für Gott unterrichten oder für Gott das Geschäft machen oder für Gott essen", und er meint, das sei eine Intention. Keineswegs! Das ist nur eine leere Vorstellung (*ḥadīth nafs*) oder ein leeres Wort (*ḥadīth lisān*) oder ein Gedanke oder der Übergang von einem Einfall zum andern, die Intention ist aber von all dem weit entfernt. Die Intention ist nämlich die Bewegung, Richtung, Neigung der Seele zu etwas hin, von dem sie erkannt hat, daß darin ihr diesseitiges oder jenseitiges Ziel liegt. Diese Neigung läßt sich aber, wenn sie nicht da ist, keineswegs durch den bloßen

114 Der Verfasser sucht in diesem Abschnitt die Auffassung der Intention zu vertiefen und zu verinnerlichen, indem er zeigt, daß es nicht genügt, einfach zu sagen: „Ich beabsichtige das und das", sondern daß diese Absicht auch wirklich der inneren Überzeugung entsprechen und aus der ganzen Gesinnung hervorgehen muß.

Willen ins Dasein rufen und „sich aneignen".[115] Das ist vielmehr geradeso, wie wenn der Satte sagt: „Ich will Appetit zum Essen und Neigung dazu haben" oder der Gleichgültige: „Ich will den und den lieben und gern haben und im Herzen hochhalten." Das hat keinen Sinn.

Es gibt gar keinen Weg, die Hinwendung und Neigung des Herzens zu etwas „sich anzueignen" als den, sich die Mittel „anzueignen". Das ist dem Menschen manchmal beschieden und manchmal nicht beschieden. Die Seele wird aber zur Betätigung nur durch das Ziel bestimmt, das als Motiv wirkt und der Seele entsprechend und angemessen ist. Solange der Mensch nicht davon überzeugt ist, daß sein Ziel von einer bestimmten Handlung abhängt, ist auch sein Streben nicht auf diese Handlung gerichtet. Aber auch die Überzeugung allein ist keineswegs in jedem Fall ausreichend, denn das Herz folgt nur dann der Überzeugung, wenn es frei ist und nicht abgelenkt wird durch ein anderes Motiv, das stärker ist als das erste. Solches ist aber nicht zu jeder Zeit möglich, denn die Motive für und wider haben mannigfache Mittelursachen, die dabei im Spiele sind. Das ist verschieden je nach den Personen, Verhältnissen und Handlungen.

Wenn z. B. jemand die heftige Neigung hat, den Beischlaf auszuführen, aber nicht ernstlich ein Kind bezweckt, sei es aus einem religiösen oder weltlichen Grunde, so kann er unmöglich mit der Intention der Erlangung eines Kindes den Beischlaf ausüben, sondern nur mit der Intention, seine Begierde zu befriedigen. Denn Intention bedeutet: das Handeln aus einem Motiv heraus.

115 Mit dem Ausdruck *kasb* (oder *iktisāb*), „Aneignung", bezeichnet die orthodoxe ash'aritische Dogmatik denjenigen Anteil, der trotz der Allursächlichkeit Gottes dem Menschen an seinem Werk zukommt. Vgl. BAUER, *Die Dogmatik al-Ghazālī's*, S. 63ff.

Wenn nun die Begierde das einzige Motiv ist, wie kann er dabei Nachkommenschaft intendieren? Und wenn er nicht davon durchdrungen ist, daß die Befolgung der Sunna des Beischlafes eine Nachahmung des hochgebenedeiten Propheten bedeutet, die ihm zur Ehre gereicht[116], so kann er auch beim Beischlaf nicht die Befolgung der Sunna intendieren außer so, daß er es mit der Zunge und im Geiste sagt; aber das ist ein bloßes Sagen, keine Intention.

Es gibt allerdings einen Weg, diese Intention „sich anzueignen", z. B. den, daß er zuerst seinen Glauben an die Offenbarung kräftige und seinen Glauben an die große Belohnung, die dem zuteil wird, der sich bestrebt, die Gemeinde Muḥammeds des Hochgebenedeiten zu vermehren, ferner, daß er aus seiner Seele alles entferne, was eine Nachkommenschaft unerwünscht erscheinen läßt, wie die Schwierigkeit des Unterhalts, die viele Mühe und ähnliches. Wenn er das tut, so entsteht vielleicht in seinem Innern der Wunsch, Nachkommenschaft zu erlangen um der Belohnung willen, so daß ihn dieser Wunsch bewegt und auch seine Glieder bewegt zur Vollziehung des Aktes. Wenn also die Kraft, welche bei der endgültigen Entscheidung[117] die Zunge bewegt, aus diesem das Herz überwältigenden Motiv hervorgeht, so ist eine Intention vorhanden, im anderen Falle ist das, was er bei sich denkt und wiederholt von Erzielung von Nachkommenschaft, nur Einflüsterung und leeres Zeug. Deshalb enthielten sich viele der Altvordern überhaupt der guten Handlungen, wenn keine Intention bei ihnen vorhanden war. Sie pflegten dann zu sagen: „Es fehlt uns eine Intention hierzu", so daß Ibn Sīrīn[118] an der

116 J. *lahā* „ihr" (der Sunna).

117 *qubūl al-ʿaqd* ist eigentlich der „Zuschlag" bei einem Kontrakt, hier in übertragenem Sinne gebraucht vom Aussprechen der Intention.

118 Sein Vater Sīrīn war ein Freigelassener des Anas b. Mālik (M.). Vgl. weiter *Enzykl. des Islam* II, 447.

Bahre des Ḥasan al-Baṣrī kein Leichengebet verrichtete, weil, wie er sagte, ihm eine Intention fehlte.[119]

Einer[120], der seine Haare frisieren wollte, rief seiner Frau zu: „Bring den Kamm her." Sie antwortete: „Ich bringe auch den Spiegel." Da schwieg er eine Weile, hernach sagte er: „Gut." Darüber befragt, antwortete er: „Betreffs des Kammes hatte ich eine Intention, aber betreffs des Spiegels fehlte mir eine solche. Da hielt ich inne, bis Gott d. A. eine solche schuf."

Als Ḥammād b. abī Sulaimān, einer von den kufischen Gelehrten, starb, fragte man [Sufyān] ath-Thaurī: „Wirst du nicht seinem Leichenbegängnis beiwohnen?" „Wenn ich eine Intention habe", antwortete er, „werde ich es tun".

Wenn einer von ihnen um einen Liebesdienst gebeten wurde, pflegte er zu sagen: „Wenn mir Gott d. A. eine Intention schenkt, so will ich es tun."

Ṭā'ūs [b. Kaisān al-Jamānī][121] pflegte nur mit einer Intention zu tradieren. Manchmal ließ er sich umsonst bitten, zu tradieren, und manchmal fing er an, ohne gebeten zu sein. Darüber befragt, antwortete er: „Wollt ihr, daß ich ohne Intention tradiere? Wenn ich eine Intention habe, so tue ich es."

Von Dā'ūd b. al-Muḥabbir[122] wird erzählt, daß zu ihm, als er das „Buch über den Intellekt"[123] verfaßt hatte, Aḥmed b. Ḥanbal[124] kam und es von ihm verlangte. Er sah es Blatt für Blatt

119 *Qūt* II, 152, 12.

120 *Qūt* II, 163, 7 ff.

121 Gest. nach der gewöhnlichen Annahme 106 (725) in Mekka.

122 Nach M. gest. 206 (821/22).

123 Nach M. ein Buch von kleinem Umfang und größtenteils unecht. *Qūt* II, 152, 25 hat übrigens (unrichtig) *kitāb al-'amal* „Buch vom Handeln". Vgl. auch Ḥājjī Khalīfa (ed. Flügel) V, 118.

124 Gründer der nach ihm benannten streng traditionellen Schulrichtung, gest. 241 (855). Vgl. *Enzykl. des Islam* I, 199.

durch, dann gab er es ihm zurück. „Nun?", fragte Dā'ūd. „Es sind schwache Isnāde[125] darin", antwortete Ibn Ḥanbal. „Ich habe es nicht mit Bezug auf die Isnāde zusammengestellt", erwiderte Dā'ūd, „mir kommt es nur darauf an, daraus zu lernen.[126] Ich habe sie nur unter dem praktischen Gesichtspunkt betrachtet und Nutzen daraus zu ziehen gesucht." „So gib es mir noch einmal", entgegnete Aḥmed, „damit ich es ebenso betrachte wie du." Er bekam es wieder, und nachdem er es lange behalten, sagte er: „Vergelte es dir Gott, auch ich habe Nutzen daraus gezogen."

Als Ṭā'ūs [al-Jamānī] gebeten wurde, einen Segenswunsch zu sprechen, sagte er: „Ich muß zuerst eine Intention dafür finden."

Ein anderer sagte: „Ich bin seit einem Monat auf der Suche nach einer Intention, um einen Kranken zu besuchen, und habe immer noch keine rechte gefunden."

'Īsā b. Kathīr [al-Asadī] erzählt: „Ich ging einmal mit Maimūn b. Mahrān.[127] An seiner Haustüre angelangt, schickte ich mich zum Gehen an, da sagte sein Sohn: ‚Willst du ihn nicht zum Abendessen einladen?' ‚Das ist nicht in meiner Intention', erwiderte er."

Die Intention richtet sich eben nach der Anschauung (*naẓar*), und wenn diese sich verändert, verändert sich auch die Intention. Sie glaubten darum nicht ohne Intention handeln zu dürfen, weil sie wußten, daß die Intention der Geist eines Werkes ist und daß ein Werk ohne richtige Intention nur Augendienerei (*riyā'*) und Mache (*takalluf*) ist, das uns bei Gott verhaßt macht, statt

125 *Isnād* (eig. „Stütze") ist die Traditionskette, von der nach muslimischer Auffassung die Zuverlässigkeit einer Überlieferung abhängt. Vgl. Art. Ḥadīth in der *Enzykl. des Islam* II, 200 ff.

126 So, wenn man, wie M. will, *khubr* vokalisiert. Man kann aber m. E. auch *khabar* lesen, dann wäre zu übersetzen: „Mir kommt es nur auf die Tradition selber an." Der Sinn ist bei beiden Auffassungen annähernd der gleiche.

127 Sekretär des Kalifen 'Omar b. 'Abd al-'Azīz (M.).

uns ihm näherzubringen. Sie wußten auch, daß es noch keine Intention ist, wenn jemand sagt: „Ich beabsichtige", sondern daß sie eine Betätigung des Herzens ist und daß sie wie jedes andere Gnadengeschenk Gottes d. A. manchmal gewährt und manchmal versagt wird.

Allerdings wird es für einen, der von der Sache der Religion durchdrungen ist, in den meisten Fällen möglich sein, eine Intention für die guten Handlungen zu finden, weil sein Herz im allgemeinen auf das Gute überhaupt gerichtet ist, so daß es auch im einzelnen diese Richtung nehmen wird. Bei dem hingegen, dessen Herz auf das Weltliche gerichtet und ganz von ihm beherrscht ist, wird das kaum möglich sein, ja selbst bei den pflichtmäßigen Handlungen wird es ihm nur mit schwerer Mühe gelingen. Für ihn kann es sich nur darum handeln, an die Hölle zu denken und die Strafe darin sich als Warnung dienen zu lassen, oder an die Freuden des Pradieses und so das Verlangen danach bei sich zu wecken. Vielleicht entsteht auf diese Weise ein schwacher Anreiz, so daß ihm dann eine Belohnung entsprechend seinem Verlangen und seiner Intention zuteil wird. Völlig unmöglich aber ist es dem ganz weltlich Gesinnten, ein gutes Werk zu verrichten mit der Intention, Gott d. A. deshalb zu verherrlichen, weil ihm Gehorsam und Untertänigkeit gebühren. Dies ist aber die vornehmste und höchste Intention, und es gibt auf der Erdoberfläche nur wenige, die sie verstehen, geschweige denn, die sie lieben.

Die Intentionen der Menschen bei ihren guten Werken sind also verschieden. Der eine handelt aus dem Motiv der Furcht heraus, weil er vor der Hölle sich in acht nehmen will, der andere aus dem Motiv der Hoffnung heraus, d. h. aus Verlangen nach dem Himmel. Obgleich dieses ein niedriger Standpunkt ist gegenüber der Absicht, Gott d. A. zu dienen und ihn zu verherrlichen um seiner selbst und seiner Hoheit willen, nicht wegen etwas anderem außer ihm, so ist es doch eine gültige Intention, weil sie auf eine jenseitige Verheißung oder Drohung gerichtet ist, wenn es auch zur Kategorie des im Diesseits Gewohnten gehört.

Die mächtigsten Motive sind nun einmal der Geschlechtstrieb und der Nahrungstrieb, und sie sollen im Paradies befriedigt werden. Wer nun aber um des Paradieses willen handelt, der handelt seines Bauches und seiner Genitalien wegen wie ein schlechter Lohnarbeiter. Er steht auf der Stufe der geistig Beschränkten (*bulh*), und diese wird ihm auch für sein Handeln zuteil werden, denn „die Mehrzahl der Paradiesesbewohner besteht aus Geistesbeschränkten". [128] Die Pflichterfüllung der Einsichtigen hingegen bezweckt nichts anderes, als Gottes „zu gedenken" (*dhikr*) und in ihn „sich zu versenken" (*fikr*) aus Liebe zu seiner Vollkommenheit und Hoheit, die übrigen Betätigungen dienen nur als Bekräftigung oder als Folge. Diese stehen auf einer höheren Stufe, als daß sie auf die geschlechtlichen Dinge und die Gaumengenüsse des Paradieses ausgingen. Nicht nach diesen streben sie, sondern sie „rufen ihren Herrn an früh und spät, verlangend sein Antlitz" allein.[129]

Die Belohnung der Menschen entspricht aber ihren Intentionen. Ohne Zweifel werden diese letzteren im Schauen auf sein hehres Antlitz selige Wonne empfinden und jene verlachen, die auf das Gesicht der „großäugigen Ḥūrī"[130] ihren Blick richten, gleichwie derjenige, der den Anblick der „großäugigen Ḥūrī" genießt, jenen

128 Auch dieser köstliche Ausspruch wird dem Propheten in den Mund gelegt.

129 Sūra 6, 52 und 18, 27.

130 Diese uns geläufige Form des Wortes ist ein persisches nomen unitatis zum koranischen *ḥūr*; dieses selbst Pluralform von *aḥwar*, fem. *ḥaurā'* „weiß" in dem Sinne, daß das Weiße des Auges sich ungewöhnlich stark vom Schwarzen abhebt. Vgl. *Enzykl. des Islam* II, 358.

verlachen wird, der in der Betrachtung künstlicher Tonfiguren seine Seligkeit findet, ja noch mehr. Denn der Unterschied zwischen der Schönheit der göttlichen Majestät und der Schönheit der „großäugigen Ḥūrī" ist viel gewaltiger als der Unterschied zwischen der Schönheit der letzteren und der von künstlichen Tonfiguren. Wenn tierische und sinnliche Naturen die Befriedigung ihrer Begierden in dem Genuß von schönen Weibern so hoch einschätzen und von der Schönheit des hehren Antlitzes Gottes d. A. sich abwenden, so ist das gerade so, wie wenn ein Mistkäfer den anderen und den Umgang mit ihm hochschätzt, aber von der Schönheit des weiblichen Gesichtes seinen Blick abwendet.[131] Die Blindheit der meisten gegenüber der Betrachtung der Schönheit und Hoheit Gottes gleicht der Blindheit des Mistkäfers, der die Frauenschönheit nicht erkennt, weil er gar keinen Sinn dafür bat und sie ihm gleichgültig ist. Wenn er aber Verstand hätte und man ihm von den Frauen erzählen würde, so würde er diejenigen, die für sie Interesse haben, nicht für unvernünftig halten. „Und es wird bei ihnen immer verschiedene Ansichten geben, jegliche Partei freut sich ihres Anteils, und dazu hat er sie erschaffen."[132]

Von Aḥmed b. Ḥaḍrūya[133] wird erzählt, daß er einmal seinen Herrn im Traume sah und dieser zu ihm sprach: „Alle Menschen

131 Es ist demnach ganz schief, wenn ALFRED VON KREMER, *Geschichte der herrschenden Ideen des Islam*, S. 307, Anm. 29 zu S. 287, wo er al-Ghazālī „auszugsweise bearbeitet", sagt: „Nach Ghazzāly, Yḥyā, IV, 670 ist das Hauptvergnügen der Gläubigen im Paradiese *iqtiḍāḍ al-'abkār*." Der sonst hochverdiente Verfasser hat nicht beachtet, daß al-Ghazālī an der genannten Stelle nur Sprachrohr der Tradition und daß die „defloratio virginum" nur ein Zitat ist, während er seine eigene Meinung an Stellen wie der obigen zum Ausdruck bringt.

132 Sūra 11, 20; der mittlere Satz stammt jedoch aus 23, 55.

133 al-Balkhī, gest. 140 (757/58) im Alter von 95 Jahren. (M.)

verlangen von mir außer Abū Yazīd[134] [al-Bisṭāmī], denn er verlangt mich."

Es wird ferner erzählt, daß Abū Yazīd, als er seinen Herrn im Traume sah, ihn fragte: „Welches ist der Weg zu dir, o Herr." Dieser antwortete: „Verlasse dich selbst und komme."

Als Abū Bekr[135] [ash-Shiblī] nach seinem Tode im Traume erschien, fragte man ihn: „Was hat Gott mit dir gemacht?" Er antwortete: „Ich mußte nur wegen einer Sache Rede und Antwort stehen, nämlich darüber, daß ich einmal gesagt: ‚Gibt es einen größeren Verlust als den des Paradieses?' ‚Gewiß', hielt Er mir entgegen, ‚aber gibt es einen größeren Verlust als den der Vereinigung mit Mir?'"

Wir wollen also sagen, daß die oben aufgeführten Intentionen verschiedenen Stufen entsprechen. Wer von der einen beherrscht wird, der kann nicht zu einer anderen übergehen. Die Kenntnis dieser Dinge führt auf Handlungen und Betätigungen, wovon die aufs Äußerliche gerichteten Kanonisten (*fuqahā'*) nichts verstehen. Wir behaupten aber folgendes:[136]

Wenn jemand betreffs einer erlaubten Handlung eine Intention hat, betreffs einer tugendhaften Handlung aber nicht, dann ist die erlaubte angebracht, sie ist dann für ihn die tugendhafte Handlung geworden, während die tugendhafte Handlung für ihn eine Unvollkommenheit darstellt. Denn „die Handlungen richten sich allein nach den Absichten". So verhält es sich zum Beispiel mit dem Verzeihen. Dieses ist besser, als für ein Unrecht Rache zu nehmen. Nun kann aber der Fall eintreten, daß jemand eine Intention hat hinsichtlich des Rachenehmens, nicht aber hinsicht-

134 Gest. 261 (874) oder 264 (877). Vgl. *Enzykl. des Islam* I, 715 unter Bāyazīd.
135 Gest. 334 (945).
136 Der folgende Passus zum Teil wörtlich aus *Qūt* II, 153, 1 ff.

lich des Verzeihens. In diesem Falle ist Rache nehmen für ihn das Bessere. Oder es hat jemand hinsichtlich des Essens, Trinkens und Schlafens die Intention, sich zu erfrischen und zu kräftigen für die religiösen Übungen in der Zukunft, dagegen kommt bei ihm keine Intention zustande für das Fasten oder das Gebetsoffizium; auch hier ist das Essen und Schlafen für ihn das Bessere. Wenn er infolge von andauernder Beschäftigung mit einer religiösen Übung Überdruß daran empfindet, sein Schwung erlahmt und sein Eifer schwach geworden ist und er weiß, daß der Eifer wiederkehrt, wenn er sich ein Weilchen erholt durch Spiel und Geplauder, so ist das Spiel besser für ihn als das Gebet, so wie Abū 'd-Dardā[137] sagt:[138] „Ich gönne mir eine kleine Ausspannung, sie soll mir eine Hilfe sein für meine Arbeit." Und der selige ʿAlī: „Gönnt dem Geiste Ruhe; wenn man ihn überbürdet, so wird er stumpf."[139]

Diese feineren Fragen verstehen nur die gewiegten, nicht die Ḥashawī-Gelehrten.[140] So behandelt ein geschickter Arzt den Fieberkranken mit Fleisch trotz seiner Hitze, ein Verfahren, das einen Nichtmediziner befremdet. Er will ihm eben auf diese Weise zunächst wieder zu Kräften verhelfen, damit er nachher die Behandlung durch ein Gegenmittel aushalten kann. Ebenso gibt ein geschickter Schachspieler manchmal einen Turm oder

137 Gest. 31 (651) oder etwas später in Damaskus.

138 *Qūt* II, 153, 6.

139 Eig. „blind". Aufgeführt unter den Sprüchen ʿAlīs an 60. Stelle. Vgl. FLEISCHER, *ʿAlī's hundert Sprüche*, S. 40.

140 Ḥashawīya oder Ḥashwīya ist gewöhnlich eine verächtliche Bezeichnung für jene Richtung unter den „Leuten der Überlieferung", welche die anthropomorphistischen Traditionen im allerwörtlichsten Sinn aufzufassen lieben; die ursprüngliche Bedeutung des Wortes ist unklar. Vgl. *Enzykl. des Islam* II, 304. An unserer Stelle steht Ḥashawīya geradezu als Appellativum im Gegensatz zu *samāsira*, eig. „Makler", das hier wie auch sonst als lobendes Beiwort gebraucht ist.

Springer umsonst daran, um dadurch das Spiel zu gewinnen, während ein beschränkter Kopf wohl darüber lacht und sich wundert. Desgleichen gebraucht ein erprobter Kämpfer oft die List, vor seinem Gegner zu fliehen und ihm den Rücken zu wenden, um ihn an eine enge Stelle zu locken und dann sich gegen ihn zu kehren und ihn zu überwältigen.

Ebenso ist der Wandel auf dem Wege Gottes d. A. nichts anderes als ein Kampf mit dem Teufel und eine Kurierung des „Herzens". Der Verständige und Begnadigte versteht dabei gewisse feine Hilfsmittel anzuwenden, welche die Beschränkten sonderbar finden. Darum darf der Anfänger im geistlichen Leben (*murīd*) nicht insgeheim etwas mißbilligen, was er bei seinem Meister (*shaikh*) sieht, und der Schüler darf dem Lehrer nicht widersprechen, sondern er hat sich seiner höheren Einsicht zu fügen. Wenn er etwas in ihrem Verhalten nicht begreift, so soll er es dahingestellt sein lassen, bis ihm der innere Sinn davon erschlossen wird, wenn er ihre Stufe erreicht. Und von Gott kommt der rechte Erfolg.

ZWEITER TEIL

Die reine Absicht, ihre Bedeutung, ihr Wesen und ihre Grade

I.
Der hohe Wert der reinen Absicht

Gott d. A. sagt (Sūra 98, 5): „Nichts anderes wurde ihnen geheißen als Gott zu dienen reinen Glaubens (*mukhliṣīna lahu 'd-dīn*)." Ferner (Sūra 39, 3): „Gebührt nicht Gott der reine Glaube?" Weiter (Sūra 4, 146): „Die ausgenommen, welche Buße tun und sich bessern und ihre Zuflucht zu Gott nehmen und lauteren Glaubens sind zu Gott." Ferner (Sūra 18, 110): „Und wer da hofft, zu seinem Herrn zu kommen, der wirke ein rechtschaffen Werk und diene keinem anderen außer seinem Herrn." Dieser Vers wurde geoffenbart mit Bezug auf jemanden, der für Gott wirken, aber auch dafür gelobt werden wollte.

Der hochgebenedeite Prophet sagt: „Drei Dinge gibt es, bei denen das Herz keines Muslims üble Gedanken hegt:[141] Reinheit der Absicht beim Wirken für Gott ..."[142] – Muṣ'ab b. Sa'd [gest. 103 = 721/22] berichtet von seinem Vater, daß er meinte, vor den übrigen Genossen des hochgebenedeiten Gottgesandten etwas vorauszuhaben, da sagte dieser: „Gott d. A. steht dieser Gemeinde nur bei um ihrer Einfältigen willen, wegen ihres Bittens, wegen der Reinheit ihrer Absicht und ihres Gebetes."

Ḥasan [al-Baṣrī] berichtet folgenden Ausspruch des hochgebenedeiten Gottgesandten: „Gott d. A. spricht: ‚Die Reinheit der

141 Der genaue Sinn dieses Verbums stand auch den alten Erklärern nicht fest. Ibn al-Athīr führt in seiner *Nihāya* III, 168 (ed. Kairo 1311) die Lesungen *yaghillu*, *yughillu* und *yaghilu* auf, letzteres von *wughūl* = *dukhūl fī sh-sharr*, „in etwas Böses hineingeraten".

142 Die beiden anderen sind: „Ermahnung (oder Beratung) der Herrschenden und das Zusammengehen mit der Gemeinde."

Absicht ist Geist von meinem Geist, den ich in die Herzen derer von meinen Dienern, die ich liebe, niedergelegt habe.'"

'Alī b. abī Ṭālib, Gott habe ihn selig, sagt: „Seid nicht besorgt wegen der Geringheit des Werkes, sondern seid besorgt um seine Annahme; denn der hochgebenedeite Prophet hat zu Mu'ādh b. Jabal gesagt: ‚Sei lauter im Handeln, er wird dich auch für das Geringe davon belohnen.'"

Der Hochgebenedeite sagt ferner: „Niemand handelt vierzig Tage lang für Gott in reiner Absicht, ohne daß Quellen von Weisheit aus seinem Herzen auf seiner Zunge offenbar werden."

Ferner sagt der Hochgebenedeite: „Folgende drei werden am jüngsten Tage vor allen Rechenschaft abzulegen haben: Erstens derjenige, dem Gott Erkenntnis verliehen hat. Zu ihm wird er sprechen: ‚Was hast du mit deinem Wissen gemacht?' Er wird antworten: ‚Ich habe mich abgegeben mit ihm Tag und Nacht.' Da wird Gott d. A. entgegnen: ‚Du lügst', und die Engel werden rufen: ‚Du lügst.' ‚Du wolltest vielmehr, daß man sage: ‚Der und der ist ein Gelehrter.' Und hat man es nicht auch wirklich gesagt?' Zweitens derjenige, dem Gott Vermögen verliehen hat. Zu ihm wird er sprechen: ‚Ich hatte dich reichlich bedacht, was hast du damit gemacht?' Er antwortet: ‚Almosen habe ich davon gegeben, o Herr, Tag und Nacht.' Da wird Gott d. A. entgegnen: ‚Du lügst', und die Engel werden rufen: ‚Du lügst.' ‚Du wolltest vielmehr, daß man sage: ‚Der und der ist freigebig.' Und hat man's nicht auch wirklich gesagt?' Drittens derjenige, der für die heilige Sache gefallen ist. Ihn wird Gott fragen: ‚Was hast du getan?' Er wird antworten: ‚Ich wurde aufgerufen, o Herr, zum heiligen Krieg, da habe ich gekämpft, bis ich fiel.' Da wird Gott entgegnen: ‚Da lügst', und die Engel werden rufen: ‚Du lügst.' ‚Vielmehr hast du gewollt, daß man sage: ‚Der und der ist ein Held.' Und hat man's nicht auch wirklich gesagt?'"

Abū Huraira[143] berichtet: „Da strich der Hochgebenedeite über meinen Schenkel und sagte: ‚Das, Abū Huraira, sind die ersten, mit denen am jüngsten Tag das Höllenfeuer angezündet wird.'" Der Überlieferer dieser Tradition[144] kam einmal zu Muʿāwiya und berichtete ihm das. Da weinte Muʿāwiya, daß er fast den Geist aufgab, dann sprach er: „Wie wahr sagt Gott (Sūra 7, 18): ‚Wer das irdische Leben begehrt und seine Pracht' usw."

In der israelitischen Geschichte[145] wird erzählt, daß ein Gottesdiener Gott lange Zeit gedient hatte, da kamen Leute zu ihm und sagten: „Hier sind Menschen, die einen Baum verehren anstatt Gottes d. A." Von Zorn erfaßt, nahm er eine Axt auf seine Schulter und machte sich auf nach dem Baum, ihn umzuhauen. Da begegnete ihm Iblīs[146] in der Gestalt eines alten Mannes und redete ihn an: „Gott segne dich, wo willst du hin?" Der Gottesdiener: „Jenen Baum will ich umhauen." Iblīs: „Was geht dich der an? Willst du deine religiösen Übungen und die Beschäftigung mit dir selbst verlassen und dich mit etwas anderem abgeben?" Der Gottesdiener: „Das gehört auch zu meinen religiösen Pflichten." „Aber ich gestatte nicht, daß du ihn umhaust", rief Iblīs und wollte ihn umbringen. Da faßte ihn der Gottesdiener, warf ihn zu Boden und setzte sich ihm auf die Brust. Da rief Iblīs: „Laß mich los, ich will dir etwas sagen." Da ließ er von ihm ab, und Iblīs fuhr fort: „Höre, Gott hat dir das erlassen und es dir nicht aufgetragen. Du verehrst ihn nicht, und was andere tun, geht dich nichts an. Gott hat Propheten auf Erden, und wenn

143 Auf ihn geht die vorausgehende Tradition, die nach M. von Aḥmed b. Ḥanbal (*Musnad*), Muslim und an-Nasāʾī aufgeführt wird, zurück.

144 Der sie von Abū Huraira empfangen haben will. Es ist nach M. Nātil b. Qais oder Shafī al-Aṣbaḥī.

145 *Qūt* II, 162, 4-30.

146 *ὁ διάβολος*. Vgl. *Enzykl. des Islam* II, 373.

er wollte, würde er sie zu jenen Leuten schicken und ihnen befehlen, den Baum umzubauen.“ „Nein“, rief der Gottesdiener: „Ich muß ihn umhauen.“ Da drang Iblīs abermals auf ihn ein, aber der Gottesdiener überwältigte ihn wiederum und warf ihn zu Boden. Da konnte Iblīs nicht mehr und sagte zu ihm: „Willst du etwas hören, was mich und dich betrifft und was für dich besser und nützlicher ist?“ „Was ist's?“ „Laß mich los, so will ich es dir sagen.“ Als er ihn losgelassen, fuhr Iblīs fort: „Du bist ein armer Mann und hast nichts, bist ganz und gar auf die Leute angewiesen, die dich unterhalten. Du möchtest vielleicht gern deinen Brüdern Gutes tun, deinen Nachbarn helfen, dein gutes Auskommen haben[147] und die Menschen nicht mehr brauchen!“ „Allerdings“, erwiderte der Gottesdiener. „So laß ab von dieser Sache; ich verpflichte mich, dir jede Nacht da, wo du deinen Kopf hinlegst, zwei Dīnāre zu verschaffen. Jeden Morgen kannst da sie nehmen, sie für dich und deine Familie verwenden und deinen Brüdern davon Almosen spenden. Das ist für dich und die Muslime [sic] nützlicher, als diesen Baum umzuhauen, an dessen Stelle doch wieder ein anderer wächst. Jene haben ja keinen Schaden davon, wenn er umgehauen wird, und deine muslimischen Brüder haben keinen Nutzen davon, wenn du ihn umhaust.“ Der Gottesdiener dachte über diese Worte nach, dann sagte er: „Der Alte hat recht, ich bin kein Prophet, daß ich diesen Baum umhauen müßte. Auch hat mir Gott d. A. nicht befohlen, ihn umzuhauen, so daß ich ungehorsam wäre, wenn ich es nicht tue. Und was der mir versprochen hat, ist von weit größerem Nutzen.“ So nahm er ihm denn das Versprechen ab, seiner Verpflichtung nachzukommen, und Iblīs beschwor es. Dann kehrte der Gottesdiener an seinen Ort zurück.

147 Es ist mit M. zu lesen *tattasi'*; *tashba'*, „daß du satt wirst“, (so J.) ist, wie M. mit Recht bemerkt, Schreibfehler.

Gleich am ersten Morgen sah er da, wo er mit dem Kopfe lag, zwei Dīnāre und ebenso am zweiten Morgen. Am dritten Morgen und ebenso an den folgenden fand er dagegen nichts, und voll Zorn nahm er wiederum die Axt auf seine Schulter. Da begegnete ihm Iblīs in der Gestalt eines alten Mannes und fragte ihn: „Wohin?" „Jenen Baum will ich umhauen." „Du lügst, bei Gott. Das kannst du nicht, und das darfst du nicht." Da faßte ihn der Gottesdiener, um mit ihm zu verfahren wie früher. Der aber sagte: „Weit gefehlt!", faßte ihn und warf ihn zu Boden. So hatte er ihn wie einen Vogel zwischen seinen Beinen, setzte sich ihm auf die Brust und schrie: „Willst du von dieser Sache ablassen, oder ich bringe dich um." Als nun der Gottesdiener sah, daß er nichts gegen ihn ausrichten könne, rief er: „Du hast mich überwunden, laß mich los und sage mir, warum damals ich dich besiegt habe und nun du mich." „Weil du damals", antwortete Iblīs, „zornig warst um Gottes willen und deine Absicht auf das Jenseits ging, so hatte mich Gott in deine Gewalt gegeben. Diesmal aber bist du zornig gewesen um des Irdischen willen, und darum habe ich dich zu Boden geworfen." Diese Erzählung ist eine Bestätigung des Gotteswortes (Sūra 15, 39 und 38, 82): „[Verführen will ich sie insgesamt,] die unter ihnen ausgenommen, welche in Lauterkeit Dir dienen"; denn nur durch die Reinheit der Absicht (*ikhlāṣ*) kann sich der Mensch vor dem Teufel retten (*yatakhallaṣ*). Deshalb pflegte der selige Maʿrūf al-Karkhī[148] sich selbst[149] zu schlagen und auszurufen: „Sei lauter (*akhliṣī*), meine Seele,[150] so wirst du gerettet (*tatakhallaṣī*)."

Yaʿqūb der Blinde sagt: „Von reiner Gesinnung ist derjenige, der seine guten Werke ebenso verbirgt wie seine bösen."

148 Gest. 200 (815/16) oder kurz nachher.
149 Im Arabischen natürlich an beiden Stellen [hier und Anm. 150] *nafs*.
150 vgl. Anm. 149.

Abū Sulaimān [ad-Dārānī] sagt: „Selig der Mann, der wenigstens einen richtigen Schritt getan, bei dem er nichts suchte als Gott d. A."

'Omar b. al-Khaṭṭāb[151], Gott habe ihn selig, schrieb an Abū Mūsā al-Ash'arī[152]: „Wessen Absicht rein ist, dem ersetzt Gott das, was ihm die Menschen bieten könnten."

Ein Heiliger[153] schrieb an einen Mitbruder: „Halte auf reine Absicht bei deinen Werken, so genügt dir ein weniges davon."

Ayyūb as-Sakhtiyānī [gest. 131 = 748/49] sagt[154]: „Die Läuterung der Absichten ist für die Werktätigen wichtiger als alle Werke."

Muṭrif [b. 'Abd Allāh[155]] pflegte zu sagen: „Wer läutert, dem wird geläutert, und wer verunreinigt, dem wird verunreinigt."

Jemand, der im Traum erschien, wurde gefragt[156]: „Wie hast du deine Werke gefunden?" Er antwortete: „Alles was ich für Gott getan, habe ich gefunden, sogar den Granatapfelkern, den ich vom Weg aufgehoben, und auch die Katze, die uns verendet war, sah ich in der Waagschale der guten Werke; einen Seidenfaden hingegen, der in meiner Mütze sich befand, den sah ich in der Waagschale der bösen Werke. Es war mir aber auch ein Esel im Werte von hundert Dīnār verendet, für den ich keine Vergeltung vorfand. Als ich nun fragte: ‚Die tote Katze findet sich in der Schale der guten Werke, der tote Esel aber nicht?', da wurde mir die Antwort: ‚Er wurde dorthin gesandt, wo du ihn hingeschickt hast. Als man dir meldete:

151 Der zweite Kalife, reg. 13-23 (634-644).

152 Statthalter von Baṣra und später von Kufa, gest. 42 (662) oder 52 (672).

153 *Qūt* II, 159, 22 hat *udabā'* statt *auliyā'*, also ein *adīb*.

154 *Qūt* II, 159, 26.

155 Nach ASH-SHA'RĀNĪ, *At-tabaqāt al-kubrā* (Kairo 1317) I, 29 f., gest. 207 (822).

156 *Qūt* II, 151, 33 ff.

‚Er ist verendet', hast du erwidert: ‚Verflucht sei er von Gott', damit war dein Lohn dahin. Hättest du gesagt: ‚Auf dem Wege Gottes'[157], so hättest du ihn bei den guten Werken gefunden."'

Nach einer anderen Überlieferung sagte er: „Ich hatte Almosen im Beisein von Menschen verteilt, und es gefiel mir, daß ihre Blicke auf mich gerichtet waren. Diese Handlung fand ich weder als Verdienst noch als Schuld."[158] „Wie gut für ihn", rief Sufyān [ath-Thaurī] aus, als er das hörte, „daß es ihm nicht als Schuld angerechnet wurde. Er war recht gut gegen ihn."

Yaḥyā b. Mu'ādh [ar-Rāzī[159]] sagt[160]: „Die reine Absicht bedeutet die Ausscheidung[161] der Mängel aus einem Werke, gleichwie die Milch von Kot und Blut geschieden ist."[162]

Es wird erzählt, daß ein Mann in Frauenkleidern ausging und überall sich einfand, wo Frauen zusammenkamen, bei Hochzeiten und Trauerfeiern. Bei einer solchen Frauenversammlung, der er anwohnte, wurde nun einmal eine Perle gestohlen. Da rief man: „Schließt die Türen, wir wollen suchen." Es wurde nun eine nach der anderen durchsucht, bis die Reihe an ihn kam und nur mehr eine Frau mit ihm übrigblieb. Da rief er in lauterer Absicht Gott d. A. an mit den Worten: „Wenn ich vor dieser Schmach bewahrt bleibe, so will ich so etwas nie wieder tun." In der Tat fand man bei jener Frau die Perle, und man rief: „Die Herrin sei entbunden, die Perle ist gefunden."[163]

157 D. h. „für einen wohltätigen Zweck", vgl. oben S. 60.

158 Wörtlich: „Weder für mich noch gegen mich".

159 Gest. 258 (871/72). Vgl. *Kashf al-maḥjūb*, übers. von Nicholson, S. 122.

160 *Qūt* II, 159, 12.

161 So M., J. falsch: *yumayyiz* „entfernt".

162 Anspielung auf Sūra 16, 66: „Wir tränken euch mit dem, was in ihren (der Tiere) Leibern ist, zwischen Kot und Blut, mit reiner Milch (*labanan ḥāliṣan*)." Vgl. S. 87.

163 *atliqū 'l-ḥurra, fa-qad wajadnā 'd-durra.*

Ein Ṣūfī erzählt: „Ich stand bei Abū ʿUbaid al-Busrī[164], als er nach dem Nachmittagsgebet – es war der Tag von ʿArafa[165] – ein Feld pflügte. Da kam einer von seinen heiligen Brüdern (*abdāl*)[166] vorbei und flüsterte ihm etwas zu. Abū ʿUbaid antwortete: ‚Nein.' Dann ging jener weiter gleich einer Wolke, die den Boden streift, bis er meinem Blick entschwand. ‚Was hat er zu dir gesagt?' fragte ich Abū ʿUbaid. ‚Er bat mich, mit ihm die Wallfahrt[167] zu machen', antwortete er, ‚ich habe es aber abgelehnt.' ‚Weshalb?' fragte ich. ‚Weil ich für die Wallfahrt keine Intention habe', antwortete er, ‚ich hatte mir vielmehr vorgenommen, heute abend noch mit diesem Feld fertig zu werden. Da fürchte ich, mir den Zorn Gottes d. A. zuzuziehen, wenn ich seinetwegen mit ihm die Wallfahrt mache; denn ich würde in ein für Gott bestimmtes Werk etwas Fremdes hineintragen. Meine jetzige Arbeit gilt mir mehr als 70 Wallfahrten.'"

Es wird von jemandem berichtet, daß er erzählte[168]: „Als ich auf einer Seeexpedition[169] begriffen war, bot einer von uns einen Futtersack feil. ‚Ich will ihn kaufen', sagte ich, ‚ich werde ihn bei meiner Expedition gut gebrauchen können, und wenn ich nach

164 Aus Busr im Ḥaurān, nach der *Risāla* des Qushairī (ed. Kairo 1330) S. 22, 9 ein Genosse des Abū Turāb an-Nakhashī, der nach Qushairī (ibid. S. 17, 18) im J. 245 (859) starb. – *Qūt* II 152, 32 hat fälschlich at-Tustarī statt al-Busrī.

165 Vgl. oben S. 37 Anm. 55.

166 Die *abdāl* (Sing. *badal*), nach der gewöhnlichen Vorstellung 40 an Zahl, nehmen die fünfte Stelle in der ṣufischen Heiligenhierarchie ein. Vgl. GOLDZIHER in der *Enzykl. des Islam* I, 71. Sie zeichnen sich nach *Qūt* II, 154, 9 besonders durch die oben S. 53 ff. empfohlene Vervielfältigung der Intentionen aus.

167 Der Heilige nimmt natürlich den Weg durch die Luft, so daß er noch rechtzeitig in ʿArafa ankommt, um das dortige „Verweilen" (*wuqūf*), einen der allerwesentlichsten Teile der Wallfahrt, noch mitmachen zu können.

168 *Qūt* II 155, 5-11.

169 Die natürlich ebenfalls als „heiliger Krieg" gilt.

Medina komme, verkaufe ich ihn mit so und soviel Gewinn.‘ Ich kaufte ihn also. Da sah ich in jener Nacht im Traume zwei Personen, die vom Himmel herabgestiegen waren. Der eine sprach zum andern: ‚Schreibe die Expedition auf!‘, und er diktierte ihm: ‚Der und der zog aus zum Vergnügen, der und der aus eitler Ruhmsucht (*riyāʾ*), der und der, um Geschäfte zu machen, der und der für die heilige Sache.‘ Dann betrachtete er mich und sagte: ‚Schreibe, der und der zog aus, um Geschäfte zu machen.‘ Da rief ich: ‚Mein Gott, mein Gott, tritt für mich ein! Bei Gott, ich bin nicht ausgezogen, um Geschäfte zu machen, habe auch gar keine Waren, mit denen ich sie machen könnte, bei mir, ich bin lediglich zum Kampfe ausgezogen.‘ Da entgegnete er: ‚Du hast gestern, o Herr, einen Futtersack gekauft mit der Absicht, daran zu verdienen.‘ Da brach ich in Tränen aus und bat: ‚Schreibt mich doch nicht als Geschäftsmann auf!‘ Da blickte er den anderen an und fragte: ‚Was meinst du?‘ ‚Schreibe‘, antwortete dieser, ‚der und der zog zum Kampfe aus, aber er hat unterwegs einen Futtersack gekauft, um daran zu verdienen. Gott d. A. mag dann über ihn beschließen, wie ihm gutdünkt.‘“

Sarī as-Saqaṭī sagt[170]: „Es ist besser für dich, du betest zwei Rakʿa[171] für dich allein in reiner Absicht, als daß du siebzig Traditionen aufschreibst, oder hat er gesagt: „siebenhundert“ und noch mehr.

Ein anderer sagt: „Lautere Gesinnung von einer Stunde bedeutet Rettung für die Ewigkeit, aber die lautere Gesinnung ist selten.“

170 *Qūt* II, 163, 25.

171 *Rakʿa* (eigentl. Verbeugung) ist die im wesentlichen aus einer Verbeugung (*rukūʿ*) und zwei Prostrationen (*sujūd*) bestehende Einheit, nach welcher der Umfang eines Gebetsoffiziums (*ṣalāt*) bestimmt wird. Jedes der fünf täglichen „Gebete“ besteht aus einer Anzahl solcher *Rakʿa*, das Morgenoffizium aus mindestens zwei, das des Abends aus drei und die übrigen aus vier *Rakʿa*. Es ist aber empfohlen und üblich, noch einige freiwillige Rakʿa hinzuzufügen.

Ein weiterer Ausspruch lautet: „Das Wissen ist das Samenkorn, das Handeln die Aussaat, und das Wasser für sie ist die reine Absicht."

Ein anderer sagt: „Wenn Gott einen Menschen haßt, so verleiht er ihm drei Dinge, und drei enthält er ihm vor. Er verleiht ihm den Umgang mit Frommen und hindert ihn, daraus Nutzen zu ziehen; er gibt ihm gute Werke, aber ohne die reine Absicht dabei; er verleiht ihm Weisheit, aber ohne die Wahrhaftigkeit dabei."

[Abū Yaʿqūb] as-Sūsī[172] sagt: „Gott verlangt bei den Handlungen der Geschöpfe nur die reine Absicht."

Al-Junaid[173] sagt: „Gott hat Diener, welche Einsicht besitzen, und solche, die, wenn sie diese besitzen, ihr entsprechend handeln, und solche, die bei ihrem Handeln die reine Absicht haben. Die reine Absicht führt sie zu allem, was zur Vollkommenheit gehört."[174]

Muḥammed Saʿīd al-Marwazī sagt: „Die ganze Sache läuft auf zwei Prinzipien hinaus, Seine Tätigkeit für dich und deine Tätigkeit für Ihn, und daß du dich in das ergibst, was Er tut, und dich lauter zeigst in dem, was du tust. Sind diese beiden dir beschert, so bist du glücklich hienieden und dort oben. Denn alles dreht sich um Ergebung (in Gottes Willen) und reine Absicht, sie machen das eigentliche Tauḥīd[175] aus."

172 Nach der *Risāla* von AL-QUSHAIRĪ, S. 27, 4 der Genosse des Abū Yaʿqūb an-Nahrajūrī, der 336 (947) starb.

173 Gest. 297 (910), vgl. *Enzykl. des Islam*, I, 1110.

174 Eigentlich: „ Zu allen Toren (oder Kapiteln) der Vollkommenheit."

175 Das *tauḥīd* (unificatio, Einsmachung) hat eine theoretische (*ʿilm at-tauḥīd*) und eine praktische Seite (*ʿain at-tauḥīd*), so nach der Unterscheidung von Ḥuṣrī (gest. 371) im *Kashf al-maḥjūb* des Hujwīrī (übers. von R. A. Nicholson), S. 282. Die erstere besteht in der Anerkennung der vollkommenen Wesenseinheit Gottes, die andere in der Richtung des Herzens und der Beziehung alles Tuns auf Gott allein. Diese zweite Seite des *tauḥīd* fällt demnach tatsächlich mit *ikhlāṣ* zusammen, wie denn z. B. auch Ibn Tibbon

2.
Wesen der reinen Absicht

Jedes Ding, das durch ein anderes verunreinigt werden kann, heißt rein (*khāliṣ*), wenn es von einer solchen Beimengung frei ist. Die reinigende Tätigkeit heißt Reinigung (*ikhlāṣ*). Gott d. A. sagt (Sūra 16, 66): „... zwischen Kot und Blut, reine Milch"; denn die Reinheit der Milch besteht darin, daß sie nicht durch Blut und Kot oder eine sonstige Beimischung verunreinigt ist. Der Gegensatz von *ikhlāṣ* (Läuterung) ist *ishrāk* (Beigesellung), wer also nicht *mukhliṣ* (lauter machend) ist, der ist *mushrik* (beigesellend).

Das *shirk* (Beigesellung) hat aber verschiedene Abstufungen, und dem *ikhlāṣ* in bezug auf das *tauḥīd*[176] (Monotheismus) steht gegenüber die Beigesellung (*tashrīk*) hinsichtlich der göttlichen Natur. Und wie das *shirk* verborgen oder offen sein kann, so auch das *ikhlāṣ*. *Ikhlāṣ*[177] und sein Gegenteil [d. h. *shirk*] beziehen sich auf das Herz, und das Herz ist ihr Sitz. Sie haben statt bei den Zielen und Absichten. Über das Wesen der Absicht haben wir aber bereits gehandelt und dargetan, daß sie bedeutet „aus einem Motiv heraus handeln". Ist nun das Motiv ein einziges, so heißt die aus ihm hervorgehende Betätigung *ikhlāṣ* in bezug auf das angestrebte Ziel. Wer also Almosen gibt aus bloßer Augendienerei, der ist *mukhliṣ*, und wer dabei lediglich die Absicht hat, Gott d. A. damit nahe zu kommen, der ist ebenfalls *mukhliṣ*.

in seiner Übersetzung des 5. Kapitels der „Herzenspflichten" des Bachya (Bechay) *ikhlāṣ al-ʿamal* durch יחוד המעשה wiedergibt. Die pantheistische Auffassung des *tauḥīd* kommt hier nicht in Betracht.

176 In dem oben genannten theoretischen Sinne.

177 Bei M. ist *al-ikhlāṣ* einmal ausgefallen.

Nach dem herrschenden Sprachgebrauch hat jedoch das Wort *ikhlāṣ* die spezielle Bedeutung: „Die Befreiung der Absicht, Gott d. A. nahe zu kommen, von jeglicher Beimischung". So bedeutet ja auch *ilḥād* „Neigung" überhaupt, aber der Sprachgebrauch verwendet es in dem speziellen Sinne „Abweichung von der Wahrheit". Wer aber kein anderes Motiv hat als lediglich die Augendienerei (*riyā'*), dem droht das Verderben. Davon handeln wir hier nicht, da wir das darauf Bezügliche im Buch über *riyā'* in der Abteilung der „Verderben bringenden Dinge" (*muhlikāt*) ausgeführt haben.[178] Das Wenigste davon ist, daß der Heuchler am jüngsten Tag mit vier Namen benannt wird: „du Heuchler, du Betrüger, du Götzendiener, du Ungläubiger".

Hier handeln wir von demjenigen, der von der Absicht, Gott nahe zu kommen, geleitet wird, wobei aber dieser Absicht ein anderes Motiv beigemengt ist, sei es die Rücksicht auf Menschen oder sonst ein natürliches Interesse (*ḥaẓẓ nafsī*). Zum Beispiel es fastet jemand, weil ihm die mit dem Fasten verbundene Diät gut tut, er hat aber zugleich die Absicht, damit Gott nahe zu kommen; oder er läßt einen Sklaven frei, damit er ihn nicht mehr zu unterhalten und seinen schlechten Charakter zu ertragen braucht; oder er macht die Wallfahrt, um durch die Bewegung der Reise seine Gesundheit zu fördern oder um einem Übel zu entgehen, das ihm zu Hause droht, oder vor einem Feind in seinem Wohnort zu fliehen oder weil ihm Frau und Kinder zuwider sind oder viel Mühe machen, so daß er ein paar Tage Ruhe haben möchte; oder er zieht ins Feld, um sich im Kämpfen zu üben, oder die Dinge

178 Es bildet das 28. Buch des ganzen Werkes. Wenn dort an verschiedenen Stellen, z. B. M. VIII, 276, 1, auf unser Buch (das 37.) verwiesen wird, so braucht man aber daraus nicht zu folgern, daß der vierte Teil vor dem dritten abgefaßt sei. Der Verweis kann ja vom Verfasser erst nachträglich bei der Revision des Ganzen eingeschaltet worden sein.

kennen zu lernen, die dazu erforderlich sind, und die Fähigkeit zu erlangen[179], ein Heer zu ordnen und zu führen; oder er betet des Nachts in der Absicht, den Schlaf zu verscheuchen, um seine Familie und sein Gepäck zu bewachen; oder er gibt sich dem Studium hin, um dadurch leichter ein auskömmliches Vermögen erwerben zu können oder in seinem Kreise geehrt zu werden oder auf daß sein Grundstück und sein Vermögen infolge der hohen Schätzung der Wissenschaft von der Begehrlichkeit verschont bleiben möchten; oder er gibt sich mit Unterrichten und Predigen ab, um die Unannehmlichkeit des Schweigenmüssens los zu werden und die Lust des Fabulierens zu kosten – oder er geht darauf aus, Gelehrten und Ṣūfīs Dienste zu leisten, um bei ihnen und den anderen Leuten in Achtung zu stehen oder dadurch einen weltlichen Vorteil zu erlangen; oder er schreibt ein Koranexemplar ab, um durch die Übung im Schreiben eine schöne Handschrift zu bekommen; oder er macht die Wallfahrt zu Fuß, um sich die Kosten für die Mietung eines Reittieres zu sparen; oder er unternimmt die Waschung (*wuḍū'*), um sich zu reinigen oder zu erfrischen, oder die Ganzwaschung (*ghusl*), um angenehm zu duften; oder er tradiert ein Ḥadīth, damit er bekannt werde durch seine vollkommenen Isnāde[180]; oder er zieht sich in die Moschee zurück, um die Wohnungsmiete zu sparen; oder er fastet, damit er nicht so oft zu kochen braucht oder damit er mehr Zeit für seine Arbeiten erübrigt und nicht durch das Essen von ihnen abgelenkt wird; oder er spendet einem Bettler Almosen, um seine zudringliche Bettelei los zu werden; oder er besucht einen Kranken, damit man auch ihn besuche, wenn er krank wird; oder er geht mit einem Begräbnis, damit man auch

179 So J. *wa-yuqaddar*, M. *wa-maqdaratihi* „und ob er die Fähigkeit hat".

180 *'ulūw al-isnād*; gemeint sind lange Traditionsketten, die ununterbrochen bis zum Propheten hinaufreichen.

mit dem der Seinigen gehe, oder er tut dergleichen, damit sein gutes Werk bekannt und genannt und er als frommer und würdiger Mann betrachtet werde. Wenn nun auch sein eigentliches Motiv das ist, Gott d. A. nahe zu kommen, aber eine von diesen Nebenabsichten hinzukommt, durch welche die Handlung beeinträchtigt wird, so tritt sein Werk aus der Begriffsbestimmung des *ikhlāṣ* heraus, es hört auf, rein (*khāliṣ*) zu sein in bezug auf das Antlitz Gottes d. A., und es tritt hinzu die „Beigesellung" (*shirk*). Gott d. A. sagt aber:[181] „Keiner bedarf weniger einer Genossenschaft (*shirka*) als ich." Es wird also durch jedes irdische Gut, in welchem die Natur Befriedigung findet und zu dem sie hinneigt, sei es groß oder gering, wenn es bei einem Werke im Spiele ist, die Reinheit dieser Handlung getrübt und ihr *ikhlāṣ* zerstört.

Der Mensch hängt so sehr an seinen Interessen (*ḥuẓūẓ*) und steckt so tief in seinen Begierden, daß selten eine Handlung oder ein religiöses Werk von derartigen weltlichen Interessen und Bestrebungen ganz frei ist. Deshalb heißt es: „Wer einen einzigen Augenblick in seinem Leben hat, der ganz rein auf das Antlitz Gottes d. A. gerichtet war, der wird gerettet"; so selten ist die reine Absicht, und so schwer ist es, das Herz von diesem Beiwerk rein zu halten.

Khāliṣ ist also der Mensch, für den es kein anderes Motiv gibt als das Streben, Gott d. A. nahe zu kommen. Wenn nun jene Interessen das einzige Motiv bilden, so ist die Schwere des Falles für den betreffenden offenkundig; unsere Untersuchung betrifft nur solche Fälle, bei denen das Grundstreben darauf geht, Gott nahe zu kommen, wo aber jene Dinge dabei im Spiele sind. Diese beigemischten Elemente gehören entweder in die Kategorie des

181 So nach einer Tradition des Abū Huraira, deren erster Teil lautet: „Wenn jemand ein Werk vollbringt und einen anderen außer mir ‚beigesellt', so soll ihm das Ganze gehören." (M.)

„Zusammentreffens" (*muwāfaqa*)[182] oder der „Genossenschaft" (*mushāraka*) oder der „Unterstützung" (*mu'āwana*), wie in dem Kapitel über die Intention dargelegt wurde.

Das sinnliche (*nafsī*) Motiv wird im allgemeinen dem religiösen (*dīnī*)[183] Motiv entweder gleich sein, oder es ist stärker oder schwächer als dieses. Jeder Fall ist für sich zu beurteilen, wie im folgenden geschehen soll.[184]

Die reine Absicht (*ikhlāṣ*) bedeutet die Reinigung (*takhlīṣ*) des Werkes von all diesen Beimischungen, seien es viele oder wenige, so daß in ihr lediglich das Streben, Gott nahe zu kommen, vorhanden ist, kein anderes Motiv daneben. Solches ist nur denkbar bei einem, der Gott lieb hat und ganz von ihm durchdrungen ist, der von dem Streben nach dem Jenseits so ausgefüllt wird, daß für die Liebe zur Welt in seinem Herzen kein Platz ist, so daß er auch nicht das Essen und Trinken liebt, sondern sein Verlangen darnach dasselbe ist wie sein Verlangen, sein Bedürfnis zu befriedigen, weil die Natur es einmal so fordert. Er begehrt also die Speise, nicht weil sie Speise[185] ist, sondern weil sie ihn kräftigt für den Dienst Gottes d. A., und er möchte gern des Hungers enthoben sein, um nicht essen zu müssen. Es bleibt in seinem Herzen keine Lust an etwas Überflüssigem, das nicht notwendig

182 Vgl. oben S. 37. Merkwürdigerweise lautet hier die erste Kategorie *muwāfaqa*, oben dagegen *murāfaqa*, eine Lesung, die dort durch *rafīq* (Begleiter) gesichert ist. Man ist zunächst geneigt, an einen Schreibfehler an dieser Stelle zu denken, aber vielleicht liegt doch ein Versehen des Verfassers vor, zumal die Bedeutung tatsächlich ungefähr die gleiche ist.

183 Der Gegensatz von *nafsī* und *dīnī* deckt sich hier so ziemlich mit dem von „naturalis" und „supernaturalis" in der christlichen Theologie, und man könnte recht wohl auch so übersetzen.

184 Die hier versprochenen Ausführungen kommen erst im 5. Abschnitt, S. 105.

185 Und als solche schmackhaft ist. Das arab. Wort *ṭa'ām* ist abgeleitet von *ṭa'm* „Geschmack".

ist, und auch das Notwendige verlangt er nur insoweit, als es für seine Religion notwendig ist. Er kennt kein anderes Streben als nur Gott d. A. Wenn ein solcher Mensch ißt und trinkt oder ein Bedürfnis befriedigt, so ist sein Werk rein, seine Intention echt bei allem Tun und Lassen. Auch wenn er beispielsweise schläft, um sich für den Dienst Gottes zu kräftigen, ist sein Schlaf Gottesdienst, und er befindet sich dabei auf der Stufe der Lautergesinnten (*mukhliṣūn*).

Wer nicht so beschaffen ist, für den ist die reine Absicht beim Handeln ausgenommen, wenige Ausnahmen abgerechnet. Wie bei jemandem, der von der Liebe zu Gott und dem Jenseits durchdrungen ist, auch seine gewöhnlichen Betätigungen die Eigenschaft seiner Willensrichtung (*hamm*) annehmen und zur reinen Absicht werden, so nehmen bei dem, der von der Welt, von Stolz und Herrschsucht und überhaupt von Dingen, die mit Gott nichts zu tun haben, beherrscht wird, alle seine Betätigungen diese Eigenschaft an, so daß auch seine religiösen Handlungen wie Fasten, Gebetsoffizium und andere nur selten untadelig sein werden. Die Pflege des *ikhlāṣ* besteht also darin, die Sinnlichkeit (*ḥuẓūẓ an-nafs*) zu überwinden, das Verlangen nach dem Irdischen zu unterdrücken und sich ganz freizumachen für das Jenseits, dergestalt daß dieses das Herz vollkommen beherrsche.

Dann erst wird die reine Absicht möglich sein. Mit wie viel Werken müht der Mensch sich ab in der Meinung, sie seien rein auf Gott d. A. gerichtet, und er wird darin betrogen, weil er die schadhafte Stelle bei ihnen nicht sieht. So wird berichtet, daß jemand folgendes erzählte: „Ich verrichtete das Gebetsoffizium dreißig Jahre lang, und zwar stets in der Moschee in der ersten Reihe, einmal aber[186] kam ich unverschuldet zu spät und betete

186 Statt *li'annī* „weil ich" lese ich *illā annī* „nur daß ich".

dann in der zweiten Reihe. Da schämte ich mich vor den Leuten, daß sie mich in der zweiten Reihe sahen. Daraus erkannte ich, daß ich Freude daran hatte, daß die Leute auf mich in der ersten Reihe sahen und daß dies der Grund meiner inneren Befriedigung gewesen war, ohne daß ich es merkte."

Das sind feine und schwer bemerkbare Dinge. Selten sind die Werke in dieser Hinsicht tadellos, und selten achtet jemand darauf, es sei denn, daß Gott d. A. ihn begnadigt. Die aber darauf nicht achten, werden am jüngsten Tage all ihre guten Werke als Übeltaten sehen. Auf sie geht das Wort Gottes d. A. (Sūra 39, 47/48): „Und es wird ihnen von Gott erscheinen, worauf sie nicht gerechnet, und erscheinen werden ihnen die Übeltaten, die sie vollbracht", und das andere (Sūra 18, 103/104): „Sprich: Sollen wir euch die nennen, deren Werke verloren sind, deren Streben im irdischen Leben irre ging und die da meinten, recht zu handeln?"

Dieser Gefahr sind von allen Menschen am meisten ausgesetzt die Gelehrten. Denn das, was sie zur Verbreitung der Wissenschaft antreibt, ist bei den meisten die Rangsucht, die Freude, einen Anhang zu haben, und das Vergnügen an Lobesbezeugungen. Der Teufel macht ihnen da etwas vor und redet ihnen ein: „Euer Bestreben ist es, die Religion auszubreiten und die Offenbarung zu verteidigen, die der hochgebenedeite Gottgesandte gebracht hat." Und den Prediger sieht man für Gott d. A. wirken, indem er den Menschen ins Gewissen redet und die Herrschenden ermahnt; er freut sich darüber, daß die Menschen sein Wort aufnehmen und zu ihm kommen, bildet sich aber ein, sich darüber zu freuen, daß er erfolgreich die Sache der Religion verficht. Wenn aber unter seinen Kollegen einer auftritt, der schöner predigt als er, und die Leute bleiben bei ihm weg und gehen zu jenem, so verdrießt und betrübt ihn das. Wäre jedoch der Beweggrund für ihn die Religion, so würde er Gott d. A. dafür danken, daß er ihm diese Aufgabe abgenommen und einen anderen damit betraut hat.

Aber der Teufel läßt ihn nicht los und redet ihm ein: „Du bist nur darüber betrübt, daß dein jenseitiger Lohn geschmälert wird, nicht darüber, daß die Leute sich von dir weg und einem anderen zuwenden; denn wenn sie deine Predigt anhören würden, so hättest du den Lohn dafür. Wenn du nun über den entgangenen Lohn betrübt bist, so ist das etwas Löbliches."

Der Arme weiß nicht, daß es weit verdienstlicher und vorteilhafter für ihn im Jenseits ist, sich dem Recht zu fügen und die Sache einem Tüchtigeren[187] zu überlassen, als sich allein zu betätigen. Wäre es wohl eine löbliche oder eine tadelnswerte Betrübnis gewesen, wenn der selige ʿOmar darüber betrübt gewesen wäre, daß dem seligen Abū Bekr die Anwartschaft auf die Imāmwürde zukam? Kein religiöser Mann wird zweifeln, daß sie tadelnswert gewesen wäre. Denn dem Rechte nachzugeben und die Sache einem, der tüchtiger war als er, zu überlassen, war ihm dienlicher in religiöser Hinsicht, als sich mit Gewalt um das Wohl der Menschen bemühen zu wollen, trotz des gewaltigen damit verbundenen Lohnes. Aber der selige ʿOmar freute sich vielmehr darüber, daß ein besserer als er die Sache allein in die Hand nahm.[188] Warum freuen sich denn nicht auch die Gelehrten in einem ähnlichen Fall?

Gar mancher Gelehrte läßt sich durch die List des Teufels betrügen und bildet sich ein, er würde sich darüber freuen, wenn ein

187 Es ist mit M. zu lesen *li-afḍal*; J. *afḍal*.

188 Vgl. den Dialog zwischen Abū Bekr und ʿOmar bei Ibn Saʿd, *Tabaqāt* III, 1 (die Seite kann ich augenblicklich nicht finden). Abū Bekr: „Strecke deine Hand aus, wir wollen dir huldigen." ʿOmar: „Du bist tüchtiger als ich." Abū Bekr: „Du bist kräftiger als ich." ʿOmar: „Du vereinigst meine Kraft mit deiner Tüchtigkeit." Darauf huldigte er dem Abū Bekr.

in der Sache tüchtigerer Mann als er auftreten würde. So etwas sich vorzureden, ohne zuvor die Probe aufs Exempel gemacht zu haben, ist eitel Unkenntnis und Täuschung, denn die Natur (*nafs*) ist leicht geneigt, solches zu versprechen, bevor die Sache eingetroffen ist, sobald aber jemand[189] davon betroffen wird, verändert er sich, weicht zurück und hält sein Versprechen nicht. Das versteht nur einer, der die Schliche des Teufels und der Natur kennt und sich viel mit diesen Dingen abgegeben und sie erprobt hat. Die Erkenntnis des wahren Wesens der reinen Absicht und des Handelns darnach ist ein tiefes Meer, in dem die meisten versinken. Es gibt nur ganz wenige und vereinzelte Ausnahmen, die nämlich, auf welche das Gotteswort (Sūra 15, 40; 38, 83) sich bezieht: „Außer Deinen Dienern unter ihnen, die lauter sind". Der Mensch muß daher mit aller Sorgfalt diesen feinen Dingen nachgehen und auf sie achten, sonst gerät er in die Gefolgschaft des Teufels, ohne daß er es gewahr wird.

3.
Aussprüche von Geistesmännern über die reine Absicht

[Abū Ya'qūb] as-Sūsī sagt: „Die reine Absicht besteht darin, die reine Absicht nicht zu sehen. Wenn nämlich jemand, der die reine Absicht besitzt, diese betrachtet, so braucht die reine Absicht (*ikhlāṣ*) wieder eine Reinigung (*ikhlāṣ*)." Er will damit andeuten, daß das Werk frei sein muß von Selbstgefälligkeit (*'ujb*) beim Handeln. Sich auf die reine Absicht hinwenden und sie betrachten

189 Hier im Text überall Maskulin, als ob nicht *nafs*, sondern *insān* (Mensch) vorschwebte.

ist aber Selbstgefälligkeit, und das ist ein Makel. Rein (*khāliṣ*) bedeutet jedoch das Freisein von jeglichem Makel; damit wäre aber wenigstens ein Makel gegeben.

Sahl [at-Tustarī] sagt: „Die reine Absicht besteht darin, daß des Menschen Tun und Lassen auf Gott d. A. speziell gerichtet ist." Dieser Satz umfaßt tatsächlich alles, worauf es ankommt.

In demselben Sinne sagt Ibrāhīm b. Adham[190]: „*Ikhlāṣ* ist die Wahrhaftigkeit (*ṣidq*) der Absicht Gott gegenüber."

Als Sahl gefragt wurde: „Was ist das schwerste für die Natur (*nafs*)?", antwortete er: „Die reine Absicht, denn daran hat sie keinen Anteil."

[Abū Muḥammed] Ruwaim[191] sagt: „Die reine Absicht bei einem Werk besteht darin, daß man keine Vergeltung dafür begehrt weder in diesem noch im anderen Leben." Darin liegt ausgedrückt, daß die sinnlichen Genüsse einen Makel bedeuten hier wie dort. Wer also Gott dient, um im Paradiese seine sinnlichen Begierden befriedigt zu sehen, der ist mit einem Fehler behaftet. Das Richtige ist vielmehr, daß man durch das Werk das Antlitz Gottes d. A. allein sucht. Damit ist das *ikhlāṣ* der Ṣiddīqūn gemeint oder das absolute *ikhlāṣ*.[192] Wer aber aus Hoffnung auf den Himmel oder aus Furcht vor der Hölle handelt, der ist *mukhliṣ* in bezug auf die Genüsse dieser Welt, im übrigen aber sucht er doch Gaumen- und Geschlechtslust. Das eigentlich Erstrebenswerte für die „Verständigen"[193] ist jedoch das Antlitz Gottes allein. Nun könnte aber jemand einwenden,[194] der Mensch betätige sich

190 Gest. um 160 (776). Vgl. *Enzykl. des Islam* II.

191 Zugleich Ṣūfī und Faqīh, gest. 303 (915) in Bagdad. (M.)

192 Nach M. auch *ikhlāṣ al-ikhlāṣ* genannt.

193 Nach M. Anspielung auf die Tradition: „*ʿIllīyūn* (Sūra 83, 18 u. 19) für die Verständigen (*dhawī 'l-albāb*)".

194 Statt *wa-huwa 'l-qā'il* (J.) ist mit M. zu lesen: *wa-qaul al-qā'il*.

nur, um ein *ḥaẓẓ* (Glück, Genuß) zu erlangen, und die Freiheit von den *ḥuẓūẓ* sei eine göttliche Eigenschaft, und wer das von sich behaupte, sei ein Ungläubiger. So habe der Qāḍī Abū Bekr al-Bāqillānī[195] denjenigen als einen Ungläubigen hingestellt, der die Freiheit von den *ḥuẓūẓ* von sich behaupte, und erklärt, das sei eine göttliche Eigenschaft.

[Darauf ist zu erwidern]: Das Gesagte ist richtig, aber sie[196] meinen damit nur die Freiheit von dem, was die Menschen *ḥuẓūẓ* nennen, nämlich die Genüsse, die im Paradiese geschildert werden. Das *ḥaẓẓ* jener besteht aber lediglich im Genuß der Erkenntnis und der Anschauung Gottes und der Vertraulichkeit mit ihm. Das betrachten aber die Menschen nicht als Genuß, sondern sie wundern sich vielmehr darüber.[197] Wenn hingegen jenen statt der Wonne, die sie im Dienste Gottes, im Umgang mit ihm und in der fortwährenden Anschauung seiner Majestät, insgeheim und offen, genießen, alle Wonnen des Paradieses angeboten würden, so würden sie diese verschmähen und unbeachtet lassen. Ihre Betätigung geht also tatsächlich auf einen Genuß, und auch ihr Gottesdienst geht auf einen Genuß, aber ihr Genuß ist der, den sie verehren, allein und nichts anderes.

195 Gest. 403 (1013) in Bagdad. Vgl. *Enzykl. des Islam* I, 628. Er gilt bei vielen als der vierte *mujaddid* „Erneuerer" (der Religion), wie Gott am Ende jedes muslimischen Jahrhunderts einen sendet. Der fünfte ist unbestritten al-Ghazālī.

196 Nämlich al-Bāqillānī und die jenen Einwurf machen.

197 Der Sinn ist: Wenn der Ausdruck *ḥaẓẓ* allgemein verstanden wird in der Bedeutung „Glück, beatitudo, *εὐδαιμονία*" (vgl. ARISTOTELES, *Nikomachische Ethik* I, 2, X, 5 ff.), so gilt auch von jenen Ausnahmemenschen, daß sie um eines *ḥaẓẓ* willen handeln, das Verdikt des Qāḍī al-Bāqillānī geht also nicht auf sie. Aber was sie anstreben, ist ein *ḥaẓẓ dīnī*, ein übernatürliches Gut, während die Menge nur ein *ḥaẓẓ nafsī*, ein sinnliches, kennt.

Abū ʿOthmān [Saʿīd b. Ismāʿīl][198] sagt: „Die reine Absicht besteht darin, daß man vergißt, die Geschöpfe zu sehen, durch das fortwährende Hinsehen auf den Schöpfer.“ Damit ist aber nur auf den Makel der Augendienerei (*riyāʾ*) hingewiesen.

In demselben Sinne sagt ein anderer: „Die reine Absicht bei einem Werk besteht darin, daß nicht ein Teufel darauf sieht, es zu verderben, und auch kein Engel, um es aufzuschreiben“;[199] damit ist lediglich auf das Verbergen hingewiesen. – Man hat auch gesagt: „*Ikhlāṣ* ist, was verborgen ist vor den Geschöpfen (*khalāʾiq*) und rein von dem, woran der Mensch hängt (*ʿalāʾiq*).“ Diese Definition ist umfassender.[200]

[Ḥārith] al-Muḥāsibī sagt: „Das *ikhlāṣ* besteht in der Entfernung der Geschöpfe aus dem Verhältnis zum Herrn.“ Das ist gleichfalls nur ein Hinweis auf die Ausschließung der Augendienerei. Ebenso der Ausspruch des [Ibrāhīm b. Aḥmed] al-Khawwāṣ: „Wer aus dem Becher der Herrschsucht (*riyāsa*) trinkt, der tritt heraus aus dem *ikhlāṣ* der Untertänigkeit (*ʿubūdīya*).“[201]

Als die Jünger Jesu des Gebenedeiten ihn fragten: „Wer ist rein in seinen Werken?“, antwortete er: „Wer das Werk für Gott verrichtet, ohne zu wünschen, daß ein Mensch ihn dafür lobt.“ Auch dieser Ausspruch richtet sich gegen die Augendienerei, und zwar ist sie deshalb namhaft gemacht, weil sie von allen Dingen, welche die reine Absicht trüben, das ärgste ist.

198 al-Ḥīrī, gest. 298 (910/11), vgl. *Kashf al-maḥjūb* (übers. von Nicholson), S. 132, und AL-QUSHAIRĪ, *Risāla*, S. 19. M. gibt unrichtig als Nisbe Jbri und als Todesjahr 268 an.

199 Bei AL-QUSHAIRĪ (S. 96, 14) als Ausspruch von al-Junaid aufgeführt in der Fassung: „*ikhlāṣ* ist ein Geheimnis zwischen Gott und dem Menschen, das kein Engel kennt, um es aufzuschreiben, kein Teufel, um es zu verderben, und keine Leidenschaft, um es zu verrücken (*yumīluhu*).“

200 Weil darin sowohl das *riyāʾ* als auch die *ḥuẓūẓ* ausgeschlossen sind. (M.)

201 Vgl. üb. d. *ʿubūdīya* R. HARTMANN, *Das Ṣūfītum nach al-Qushairī*, S. 5 ff.

Al-Junaid sagt: „*Ikhlāṣ* ist die Reinigung der Handlung von den Trübungen (*kudūrāt*)."

Al-Fuḍail sagt: „Ein Werk der Menschen wegen zu unterlassen ist Augendienerei, es der Menschen wegen zu verrichten ist *shirk* (Beigesellung); das *ikhlāṣ* besteht darin, daß Gott dich vor beiden bewahrt."

Es heißt auch: „*Ikhlāṣ* bedeutet das ständige Achthaben (*murāqaba*) auf sich und das Vergessen aller Annehmlichkeiten (*ḥuẓūẓ*)"; das ist die vollkommene Erklärung.

Es gibt darüber noch viele andere Aussprüche, aber es hat keinen Zweck, viele Autoritäten anzuführen, wenn das Wesen der Sache klar ist. Die bündigste Erklärung ist die Erklärung des Herrn der ersten und letzten, des Hochgebenedeiten, der, über das *ikhlāṣ* befragt, antwortete: „Daß du sagst: ‚Mein Herr, Gott!', dann bei dem bleibst, was dir aufgetragen ist", d. h., daß du nicht deinen sinnlichen Neigungen dienst, sondern deinem Herrn, und in deinem Dienste fortfährst, wie es dir aufgetragen ist. Das heißt soviel wie, alles, was nicht Gott ist, aus dem Blickbereich (*majrā 'n-naẓar*) zu entfernen, und das ist in Wahrheit das *ikhlāṣ*.

4.
Über die verschiedenen Grade der Beimischungen und Mängel, welche die reine Absicht trüben

Die Mängel, welche die reine Absicht beeinträchtigen, sind teils offenkundig, teils verborgen; einige sind trotz ihrer Offenkundigkeit nur geringfügig, andere trotz ihrer Verborgenheit sehr bedeutend. Die verschiedenen Grade der Verborgenheit und Offenkundigkeit werden nur durch Beispiele verstanden. Der offenkundige Schädling der reinen Absicht ist die Augendienerei. Wir wollen davon ein Beispiel anführen.

[Erster Grad.] Der Teufel sucht dem Betenden in der Weise zu schaden, daß er, wenn dieser in reiner Absicht bei seinem Gebete weilt und es schauen Leute auf ihn oder es kommt jemand herein, zu ihm spricht: „Verrichte dein Gebet recht schön, damit dieser Anwesende dich als würdigen und frommen Mann betrachte und dich nicht geringschätze und Übles von dir rede!" Die Folge ist, daß nun seine Glieder eine fromme Haltung einnehmen, seine Extremitäten sich nicht rühren und sein Gebet schön ausfällt. Das ist offenbare Augendienerei (Scheinheiligkeit), die auch den Anfängern unter den Lehrlingen (*murīdūn*) nicht verborgen bleibt.

Zweiter Grad. Weiß der Lehrling über diese Schädigung Bescheid und ist er vor ihr auf der Hut, so daß er darin nicht mehr dem Teufel folgt und auf ihn achtet, sondern in seinem Gebet fortfährt wie früher, so stellt er ihm das Gute vor und spricht: „Du dienst als Muster und Vorbild, man schaut auf dich; von dem, was du tust, geht eine Wirkung aus, und andere machen es dir nach. So kommt dir auch der Lohn für ihre Werke zu, wenn du es gut machst, und die Strafe, wenn du es schlecht machst. Mach also dein Werk vor ihnen gut, vielleicht ahmen sie dich nach in der frommen Haltung (*khushūʿ*) und der schönen Ausührung der religiösen Handlung." Das ist schwerer zu erkennen als das erste, und mancher läßt sich dadurch täuschen, der durch das erste sich nicht täuschen läßt. Aber auch dies ist pure Augendienerei und verdirbt die reine Absicht. Denn wenn er die fromme Haltung und die schöne Ausführung der gottesdienstlichen Handlung für ein so großes Gut hält, daß er es mit Rücksicht auf andere nicht unterlassen zu dürfen glaubt, warum hält er diese Unterlassung für sich selbst angebracht, wenn er allein ist? Der andere kann ihm doch nicht höher stehen als er sich selbst. Das ist also reiner

Trug. Vorbild ist vielmehr derjenige, der in seinem Innern gerade ist, dessen Herz entflammt ist, so daß sein Licht auf andere überströmt; ihm wird dafür Lohn zuteil werden. Das hier aber ist eitel Heuchelei und Trug. Wer ihn zum Vorbild nimmt, der wird dafür belohnt, er selbst aber wird wegen seines Betruges zur Rechenschaft gezogen und dafür bestraft werden, daß er eine Eigenschaft zur Schau getragen, die er nicht besitzt.

Der dritte Grad – er ist noch feiner als die vorausgehenden – besteht darin, daß der Mensch sich selbst in dieser Hinsicht prüft und die List des Teufels bemerkt und weiß, daß es reine Augendienerei ist, für sich allein sich anders zu betragen[202] als im Beisein von Menschen, und daß er auch weiß, die reine Absicht besteht darin, sein Gebet für sich allein ebenso zu verrichten wie in der Öffentlichkeit, und daß er sich vor sich selbst und seinem Herrn schämt, im Beisein seiner Geschöpfe eine frömmere Haltung einnehmen, als er es sonst gewohnt ist; er nimmt sich daher, wenn er allein ist, zusammen, um sein Gebet recht schön zu verrichten, so wie er in der Öffentlichkeit es verrichtet haben will, und er betet dann auch in der Öffentlichkeit ebenso. Aber das ist gleichfalls versteckte Augendienerei, denn er verrichtet sein Gebet für sich nur darum recht schön, damit es auch in der Öffentlichkeit schön sei; er macht also tatsächlich keinen Unterschied zwischen beiden, so daß ihn hier wie dort die Rücksicht auf die Geschöpfe leitet.

Die reine Absicht ist allein dann vorhanden, wenn es ihm völlig einerlei ist, ob unvernünftige Tiere oder Menschen ihn beim Beten sehen. Der eben Beschriebene möchte nur nicht gern sein Gebet vor der Öffentlichkeit schlecht verrichten, andererseits schämt er sich vor sich selber, als Scheinheiliger sich zu benehmen; dem

202 Es ist mit J. zu lesen: *mukhālafa*; M. *mukhāda'a*.

glaubt er nun dadurch abhelfen zu können, daß er auch für sich allein ebenso betet wie in der Öffentlichkeit. Das[203] ist aber verkehrt, die Abhilfe besteht vielmehr darin, daß er weder für sich noch in der Öffentlichkeit auf die Menschen achtet, so wie er auch nicht auf leblose Dinge achtet.[204] Eine solche Person wird sowohl zu Hause wie in der Öffentlichkeit beherrscht von der Rücksicht auf die Menschen. Das ist so eine geheime List des Teufels.

Vierter Grad, noch feiner und verborgener. Es wird jemand von anderen beim Beten beobachtet. Der Teufel kann nicht zu ihm sagen: „Betrage dich recht fromm aus Rücksicht auf sie"; denn er weiß wohl, daß er diesen Kniff kennt. Darum sagt er zu ihm: „Denke an die Größe und Majestät Gottes und wer du bist, der vor ihm steht, und schäme dich, daß Gott auf dein Herz sieht", während er zerstreut ist.

Er sammelt sich infolgedessen innerlich und nimmt äußerlich eine fromme Haltung an in der Meinung, daß solches wirklich reine Absicht sei, während es nichts als Trug und Täuschung ist. Denn wenn seine fromme Haltung von der Betrachtung der göttlichen Majestät käme, so könnte er diese Erwägung auch, wenn er allein ist, anstellen, und sie wäre nicht gerade dann vorhanden, wenn andere Menschen da sind. Daß er von diesem Mangel frei ist, läßt sich daran erkennen, daß ihm dieser Gedanke beim Alleinsein ebenso vertraut ist wie in der Öffentlichkeit und daß die Gegenwart von anderen Menschen auf die Vergegenwärtigung dieses Gedankens ebensowenig von Einfluß ist wie die Gegenwart eines Tieres. So lange er bei seinem Verhalten einen Unterschied macht, ob ein Mensch oder ein Tier auf ihn sieht, steht er noch außerhalb der Reinheit des *ikhlāṣ*, innerlich beschmutzt mit dem versteckten Götzendienst der Augendienerei.

203 Fehlt bei M.; wohl Zusatz.
204 Fehlt bei M.; wohl Zusatz.

Diese Abgötterei ist im Menschenherzen verborgener als „der schwarzen Ameise Tritt in finsterer Nacht auf hartem Gestein", wie es in der Tradition heißt. Nur der ist vor dem Teufel sicher, der genau zusieht und das Glück hat, von Gott behütet, begnadigt und geleitet zu werden; sonst geht der Teufel denen, die dem Dienste Gottes sich widmen, ständig zur Seite, ohne einen Augenblick von ihnen abzulassen, um sie zur Augendienerei zu verleiten in jeder einzelnen Betätigung, sogar im Schminken der Augen, im Schneiden des Schnurbartes, im Parfümieren am Freitag und im Tragen der Kleider. Diese Dinge sind zu bestimmten Zeiten Sunna[205], aber die Sinnlichkeit (*nafs*) hat daran eine geheime Befriedigung, weil sie die Aufmerksamkeit der Menschen auf sich ziehen und die Natur sich daran gewöhnt hat. Da tritt nun der Teufel für diese Übungen ein[206] und spricht: „Das ist eine Sunna, die du nicht unterlassen darfst", und so läßt sich das Herz innerlich dazu bestimmen, durch jene geheime innere Neigung, oder diese ist wenigstens beigemischt, und es trifft infolgedessen auf sie die Bestimmung *ikhlāṣ* nicht zu; denn was von all diesen Mängeln nicht frei ist, ist nicht „rein" (*khāliṣ*). Ebenso verhält es sich mit dem, der sich zurückzieht in eine vielbesuchte, schmucke, schöngebaute Moschee, in der die Natur sich behaglich fühlt; der Teufel ermuntert ihn dazu und stellt ihm die vielen Vorzüge der „Zurückgezogenheit" vor, während in Wirklichkeit das heimliche Motiv in seinem Innern das Behagen an der Form der Moschee ist und die Befriedigung, die seine Natur dabei genießt. Das zeigt sich darin, daß er mehr Neigung für die eine Moschee oder Örtlichkeit hat als für eine andere, weil die erstere schöner ist. All das ist eine Vermengung

205 Eine nicht gebotene, aber empfohlene fromme Übung.
206 M. *yadʿū*, J. *yadʿūhu*, „fordert ihn auf".

mit natürlichem Beiwerk und sinnlichem Schmutz und verdirbt das Wesen der reinen Absicht.

So sind auch die fremden Bestandteile, die man dem reinen Golde beimengt, verschieden dem Grade nach, manchmal überwiegend, manchmal geringer, aber immerhin noch leicht erkennbar, manchmal aber so fein, daß nur ein gewiegter Münzkenner sie bemerkt; die Falschheit des Herzens dagegen, die List des Teufels und die Schlechtigkeit der sinnlichen Natur (*nafs*) sind viel versteckter und feiner.

Deshalb heißt es: „Zwei Rakʿas bei einem Wissenden sind besser als ein Jahr lang Gottesdienst bei einem Unwissenden“[207]; damit ist derjenige Wissende gemeint, der die feinen Mängel der Handlungen genau kennt, um sich von ihnen frei zu halten. Denn der Unwissende sieht bei den religiösen Handlungen nur auf das Äußere und läßt sich dadurch täuschen, so wie der Tölpel[208] bei einem gefälschten Dīnār auf die rote Farbe und die Rundung sieht, und er ist doch unecht und an sich wertlos, so daß ein Karat reines Gold, das ein Münzkenner begutachtet hat, besser ist als ein Dīnār, den ein unverständiger Laie für gut befindet. Derselbe Unterschied besteht bei den religiösen Übungen, ja er ist noch viel bedeutender. Es ist unmöglich, alle Stellen, an denen in die verschiedenen Arten von Handlungen eine Schädigung eindringen kann, im einzelnen aufzuzählen. Man benutze die von uns angeführten Beispiele; dem Verständigen genügt ein weniges, und er braucht nicht viel, den Toren bringt auch das Viele nicht zum Ziel, es wäre daher unnütz, ins Einzelne zu gehen.

207 Die Tradition wird auch in anderer Form überliefert.

208 *sawādī*, eigentlich der Bewohner des *sawād*, der „schwarzen Erde“, d. h. Landbewohner, Bauer. Auch „Tölpel“ ist ja eigentlich „Dorfbewohner“.

5. Wie die „gemischten" Handlungen zu beurteilen sind und inwieweit sie eine Belohnung verdienen

Wenn ein Werk nicht rein auf Gottes d. A. Antlitz gerichtet, sondern ihm Beiwerk von Augendienerei oder sinnlicher Ergötzung beigemischt ist, so sind die Meinungen darüber verschieden, ob ein solches Werk Lohn verdiene oder Strafe oder überhaupt keines von beiden, so daß es für den betreffenden weder Verdienst noch Schuld wäre. Denn wenn jemand aus purer Scheinheiligkeit gehandelt hat, so ist es ganz gewiß für ihn eine Schuld, die Haß und Strafe nach sich zieht; das rein auf Gottes d. A. Angesicht gerichtete Werk hingegen hat Belohnung im Gefolge. Die Meinungsverschiedenheit besteht also nur in bezug auf das „gemischte" Werk. Der Wortlaut der Traditionen deutet nun daraufhin, daß ihm kein Lohn zusteht, aber die Traditionen sind darin nicht widerspruchsfrei. Das Ergebnis, zu dem wir gekommen sind – und Gott weiß, was richtig ist –, ist, daß man die Stärke der jeweiligen Beweggründe zu betrachten hat.

Wenn der übernatürliche (*dīnī*) Beweggrund dem natürlichen (*nafsī*) gleich ist, so daß sie sich gegenseitig aufheben, so hat der betreffende weder Verdienst noch Schuld. Hat aber das Motiv der Augendienerei ein Übergewicht, so nützt das Werk nicht nur nichts, sondern es schadet auch und zieht Strafe nach sich. Allerdings ist die Strafe dabei geringer als bei einem Werke, das aus bloßer Augendienerei verrichtet wurde und dem keinerlei Annäherung an Gott beigemischt ist.

Ist aber der Beweggrund der Annäherung gegenüber dem andern der stärkere, so kommt ihm eine Belohnung zu entsprechend dem des Übergewichtes, den das übernatürliche Motiv besitzt, und zwar wegen des Gotteswortes (99, 7/8): „Wer Gutes getan im Gewicht eines Körnleins, der wird es sehen, und wer Böses getan im Gewicht eines Körnleins, der wird es sehen" und des anderen (4, 40): „Gott wird nicht ein Körnlein Unrecht tun, und wenn da ist ein gutes Werk, so wird er es verdoppeln."

Das gute Streben darf also nicht verloren gehen. Ist dieses nun stärker als das Streben nach eitlem Ruhm, so schwindet von ihm das dem letzteren entsprechende Maß, und es bleibt der Überschuß. Hatte aber die gute Absicht nicht das Übergewicht, so schwindet wenigstens ein Teil der Strafe, welche die schlechte Absicht nach sich zieht.

Die Erklärung[209] davon liegt darin, daß die Werke insofern auf das Herz eine Wirkung ausüben, als sie dessen Eigenschaften stärken. Nun ist das Motiv der Augendienerei etwas Verderbenbringendes, und dieses Verderbenbringende wird genährt und gekräftigt durch die ihm entsprechende Handlung, umgekehrt ist das gute Motiv etwas Heilbringendes, und auch dieses wird gekräftigt durch das entsprechende Handeln. Wenn nun die beiden einander entgegengesetzten Eigenschaften im Herzen zugleich vorhanden sind, so muß, wenn der Augendienerei entsprechend gehandelt wird, diese Eigenschaft wachsen, und umgekehrt die andere Eigenschaft, wenn das Werk entsprechend der Annäherung an Gott verrichtet wird. Da nun das eine verderbenbringend, das andere heilbringend ist, so müssen sich beide, wenn sie in gleichem Maße verstärkt werden, gegenseitig aufheben.

209 Es ist bezeichnend für die Art unseres Autors, daß er die eben vorgetragene rein mechanische Auffassung von Verdienst und Schuld nachträglich zu verinnerlichen und psychologisch zu motivieren bestrebt ist.

Das verhält sich ähnlich wie mit dem, der an Fieberhitze leidet, weil er etwas Schädliches genossen hat; nimmt er an kühlenden Arzneien soviel ein, als der Kraft jenes schädlichen Elements entspricht, so ist es, wenn er sie beide genommen hat, als hätte er sie nicht genommen; war aber das eine Element stärker, so kann es nicht ohne Wirkung bleiben. Wie nun kein Körnchen an Speise, Trank und Arznei verloren geht, sondern notwendig auf den Körper wirkt gemäß der Anordnung Gottes, so geht auch kein Körnlein des Guten oder Bösen verloren, sondern es wirkt stets in der Weise, daß es das Herz glänzend oder schwarz macht, es Gott nahe bringt oder von ihm entfernt. Wenn also einer etwas tut, das ihn eine Spanne nahe bringt und eine Spanne entfernt, so bleibt er, wo er gewesen, und er hat weder Plus noch Minus. Bringt ihn aber eine Handlung um zwei Spannen näher und eine andere entfernt ihn um eine Spanne, so hat er ohne Zweifel eine Spanne gut. Deshalb sagt der hochgebenedeite Prophet: „Laß einer bösen Tat eine gute folgen, dann wird die erste ausgelöscht.“

Handelt es sich also um reine Augendienerei, so wird sie durch ein darauf folgendes reines *ikhlāṣ* getilgt. Wenn aber beide vereinigt sind, so müssen sie notwendigerweise miteinander streiten. Diese Auffassung findet ihre Bestätigung darin, daß nach dem Consensus der Gemeinde die Wallfahrt gültig und der Belohnung würdig ist, auch wenn man Handelsartikel mit sich führt, obwohl doch hier ein natürliches Interesse beigemischt ist. Man könnte freilich einwenden, der Betreffende werde nur für die nach seiner Ankunft in Mekka vollbrachten Leistungen der Pilgerfahrt belohnt, sein Handel habe mit dieser nichts zu tun, sie sei also rein, der Nebenzweck betreffe nur den Hin- und Rückweg, für diesen empfange er keinen Lohn, wenn er dabei Handelsgeschäfte bezweckte. Dem ist aber nicht so, sondern das Richtige ist folgendes: Wenn die Pilgerfahrt das hauptsächliche Motiv war und der Handelszweck nur das „helfende" und[210] „begleitende"[211], so geht auch die Reise selbst der Belohnung nicht verlustig. So wissen meiner Ansicht nach auch die Krieger, die gegen die Ungläubigen zu Felde ziehen, nicht, ob es sich um eine Gegend handelt, in der viel Beute zu erwarten steht, oder um eine solche, wo keine zu erwarten ist; man kann aber doch nicht sagen, die Kenntnis dieses Unterschiedes mache den Lohn für ihre kriegerische Betätigung ganz und gar hinfällig. Die rechte Ansicht ist vielmehr die: Wenn das eigentliche und wirksame Motiv die Erhöhung von Gottes d. A. Wort ist und das Verlangen nach Beute sich nur begleitend verhält, so wird dadurch die Belohnung nicht hinfällig. Freilich ist sein Lohn nicht gleich dem Lohne desjenigen, dessen Sinn überhaupt nicht die Beute berücksichtigt, denn diese Berücksichtigung ist ohne Zweifel ein Mangel.

Man könnte aber einwenden, daß doch die Schrift und die Traditionen darauf hinweisen, daß die Beimengung der Augendienerei den Lohn hinfällig macht und daß die Beimengung des Verlangens nach Beute, Handelsgewinn und den übrigen Glücksgütern (*ḥuẓūẓ*) ungefähr dasselbe sei. So berichten Ṭā'ūs und andere von den Nachfolgern[212], daß jemand den hochgebenedeiten Propheten betreffs desjenigen fragte, der Gutes tat – oder sagte er, Almosen gibt – und dafür sowohl gelobt als auch belohnt werden möchte. Er wußte ihm nicht zu antworten, bis die Offenbarung kam (Sūra 18, 110): „Und wer da hofft, seinen Herrn zu sehen, der wirke ein rechtschaffen Werk und geselle dem Dienst seines Herrn keinen andern bei." Jener erstrebte aber zugleich (jenseitigen) Lohn und Menschenlob. Folglich hat er nach dieser Koranstelle keine Hoffnung, „seinen Herrn zu sehen". –

210 *wa-s-safar* hinter *mu'īn* ist bei M. zu tilgen.

211 Vgl. oben S. 36 f.

212 Gemeint sind die Nachfolger der „Genossen" des Propheten.

Ferner berichtet Mu'ādh [b. Jabal] vom hochgebenedeiten Propheten den Ausspruch: „Auch die geringste Augendienerei ist Götzendienst"; und nach Abū Huraira sagte der hochgebenedeite Prophet: „Zu dem, der bei seinem Tun Götzendienst getrieben hat, wird gesagt werden: Nimm deinen Lohn von dem, für den du gearbeitet hast." – Von 'Ibāda [b. aṣ-Ṣāmit] wird überliefert, daß Gott d. A. spricht: „Ich brauche am allerwenigsten einen Genossen. Wenn also jemand ein Werk verrichtet und mir einen anderen beigesellt, so lasse ich meinen Anteil meinem Genossen." –

Abū Mūsā [al-Ash'arī][213] berichtet, daß ein Araber zum hochgebenedeiten Propheten kam und zu ihm sprach: „Bote Gottes, der eine streitet aus Kampflust, der andere aus Tapferkeit, der dritte, damit er als Kämpfer für die heilige Sache gelte."[214] Der hochgebenedeite Prophet antwortete: „Wer dafür kämpft, daß Gottes Wort erhöht werde, der kämpft für die heilige Sache." –

Und der selige 'Omar sagte: „Ihr sagt, der und der ist den Heldentod gestorben, und vielleicht hat er die beiden Seiten seines Reittieres mit Silber angefüllt." – Der selige Ibn Mas'ūd berichtet schließlich vom hochgebenedeiten Propheten den Ausspruch: „Wer die Hidschra macht, um etwas von der Welt zu erlangen, der soll es haben."

Dem gegenüber erwidern wir folgendes: Die aufgeführten Traditionen widersprechen nicht unseren Ausführungen, sondern sie beziehen sich nur auf solche, die bei ihrem Tun ausschließlich Weltliches suchen wie in dem Ausspruch: „Wer die Hidschra macht, um etwas von der Welt zu erlangen", oder bei denen dies wenigstens das Hauptbestreben ist. Wir haben bereits ausgeführt, daß solches Sünde und Verfehlung ist, nicht als ob das Streben nach weltlichen Dingen überhaupt unerlaubt wäre, unerlaubt ist

213 Statthalter von Baṣra und Kūfa, gest. 52 (672). Vgl. *Enzykl. des Islam* I, 499.

214 Zu ergänzen: „Wer kämpft nun wirklich für die heilige Sache?"

vielmehr, sie zu erstreben durch religiöse Handlungen, weil darin Augendienerei liegt und der Dienst Gottes d. A. dadurch verkehrt wird. Der Ausdruck *shirk* (Beigesellung, Götzendienst) gilt, wo er im Koran vorkommt, nur für das Gleichsein. Wir haben aber bereits dargelegt, daß, wenn beide Bestrebungen gleich sind, sie einander aufheben, so daß der Betreffende weder Verdienst noch Schuld und auch keinen Lohn zu erhoffen hat; außerdem ist der Mensch bei der Beigesellung ständig in Gefahr, da er nicht weiß, welche Seite bei seinem Streben das Übergewicht hat und ob er nicht vielleicht Züchtigung verdient. Deshalb sagt Gott d. A. (Sūra 18, 110): „Und wer da hofft, seinen Herrn zu sehen, der wirke ein rechtschaffen Werk und geselle dem Dienste seines Herrn keinen anderen bei." Das heißt, es besteht keine Hoffnung, zu Gott d. A. zu kommen mit der Beigesellung, bei der im günstigsten Falle beide Seiten einander aufheben.[215]

Man kann ferner sagen: Die Stufe des Martyriums wird nur erreicht durch die reine Absicht beim Kämpfen. Aber es geht nicht an, zu sagen: Wenn jemand, den ein religiöser Beweggrund lediglich zum Kämpfen angetrieben hat, auch wenn keine Beute in Aussicht steht, und er bekommt dann die Möglichkeit, gegen zwei Scharen von Ungläubigen zu kämpfen, eine reiche und eine arme, und er entscheidet sich für die reiche wegen der Erhöhung von Gottes Wort und wegen der Beute, so gebühre ihm für den Kampf gar kein Lohn. Gott bewahre, daß die Sache so sei! Das wäre eine Schädigung der Religion und müßte die Gläubigen[216] zur Verzweiflung bringen. Denn von dergleichen „begleitenden" Nebenabsichten ist der Mensch doch nur ganz selten frei. Sie bewirken wohl eine

215 *allatī aḥsan aḥwālihā at-tasāquṭ.*

216 Im Texte „die Muslime". Offenbar hat aber „Muslim" ähnlich wie „Jid" im Jüdisch-Deutschen oder „christiano" im Italienischen manchmal die ganz allgemeine Bedeutung „Mann" oder „Mensch". Vgl. auch oben S. 52 und 80.

Verminderung der Belohnung, aber sie machen diese keineswegs zunichte.[217] Allerdings schwebt der Mensch dabei in großer Gefahr, denn er meint manchmal, der stärkere Beweggrund sei die Annäherung an Gott, und das Übergewicht hat bei ihm tatsächlich ein sinnliches Gut. Es sind das Dinge, die äußerst schwer zu erkennen sind. Die Belohnung erfolgt nur auf Grund der reinen Absicht, nur selten ist sich aber der Mensch der reinen Absicht gewiß, auch wenn er noch so sehr auf der Hut ist. Deshalb muß er, auch wenn er sich alle Mühe gegeben hat, zweifeln, ob er angenommen oder verworfen wird, und fürchten, daß seine religiöse Handlung einen Mangel enthält, so daß er mehr Strafe als Belohnung verdient. So fürchteten sich die Einsichtigen, und so muß jeder Einsichtige sich fürchten.

Deshalb sagt Sufyān: „Ich verlasse mich nicht darauf, wie mein Werk äußerlich beschaffen ist.“ Und ʿAbd al-ʿAzīz b. abī Dā'ūd[218] sagte: „Ich wohne sechzig Jahre neben diesem Hause und habe sechzigmal die Pilgerfahrt gemacht und kein Werk für Gott verrichtet, ohne von mir Rechenschaft zu fordern, aber immer fand ich den Anteil des Teufels größer als den Anteil Gottes, möge es mir wenigstens nicht als Schuld angerechnet werden.“[219]

Trotzdem darf man aus Furcht vor der Unvollkommenheit[220] ein Werk nicht ganz und gar unterlassen, denn darauf hat es der Teufel letzten Endes bei einem abgesehen. Es ist freilich notwendig, daß

217 Unser Autor nimmt in dieser Frage, wie M. bemerkt, eine mittlere Stellung ein. Die rigorose Richtung (*man ikhtārū 'l-ashadd wa-l-ashaqq*), welcher z. B. al-Ḥārith al-Muḥāsibī angehört, will in einem solchen Fall jede Belohnung ausgeschlossen wissen; die laxe Richtung dagegen (*man ikhtārū 'l akhaff*) läßt die volle Belohnung eintreten, ohne Rücksicht auf das *riyā'*.

218 Gest. 159 (775/76). (M.)

219 Wörtlich: „Möge es mir weder Schuld noch Verdienst sein. Vgl. ob. S. 83.

220 M. hat noch „und Augendienerei“.

die reine Absicht nicht fehle; wenn aber das Werk ganz unterlassen wird, so ist sowohl dieses als auch die reine Absicht verloren.

So wird erzählt, daß dem Abū Saʿīd al-Kharrāz[221] ein Faqīr[222] diente und tüchtig war in seiner Arbeit. Als nun Abū Saʿīd eines Tages über die reine Absicht bei den Werken geredet hatte, fing der Faqīr an, bei jeder Handlung sein Herz zu prüfen und eine reine Absicht bei sich zu suchen. Er konnte daher gar nichts mehr zur Ausführung bringen. Als der Meister sich dadurch geschädigt sah und ihn darüber fragte, berichtete er ihm, wie er von sich eine wirkliche reine Absicht verlange, und weil er bei den meisten Handlungen keine solche finden könne, lasse er sie bleiben. „Das darfst du nicht tun, erwiderte ihm Abū Saʿīd, „denn die reine Absicht soll das Handeln nicht beseitigen. Verrichte also dein Werk und bemühe dich um die Erlangung einer reinen Absicht! Ich habe nicht zu dir gesagt: ‚unterlasse das Werk', sondern ich habe nur gesagt: ‚läutere das Werk'."

So sagt auch al-Fuḍail: „Ein Werk der Menschen wegen zu unterlassen ist Augendienerei, und es der Menschen wegen zu tun ist Abgötterei (*shirk*)."

221 Gest. 277 (890) oder 286 (899). Vgl. *Kashf*, S. 143.

222 Hier wohl gleichbedeutend mit „Asket". Vgl. *Enzykl. des Islam* II, 48.

DRITTER TEIL

Die Wahrhaftigkeit, ihr hoher Wert und ihr Wesen

1.
Der hohe Wert der Wahrhaftigkeit

Gott d. A. sagt (Sūra 33, 23): „Männer, welche wahrhaftig waren (*ṣadaqū*) in dem, was sie Gott gelobt."

Der hochgebenedeite Prophet sagt: „Die Wahrhaftigkeit führt zur Vollkommenheit (*birr*), und die Vollkommenheit führt ins Paradies, und der Mensch ist wahrhaftig, bis er bei Gott als Ṣiddīq angeschrieben wird; die Lüge dagegen führt zu Sünden, und die Sünden führen in die Hölle, und der Mensch lügt solange, bis er bei Gott als Lügner angeschrieben wird."

Die Vortrefflichkeit der Wahrhaftigkeit (*ṣidq*) ergibt sich zur Genüge daraus, daß davon Ṣiddīq[223] abgeleitet wird, und Gott d. A. bezeichnet damit in besonders lobender Weise die Propheten, indem er sagt: „Und gedenke im Buche Abrahams, er war ein Ṣiddīq, ein Prophet" (19, 41). „Und gedenke im Buche Ismaels, er war wahrhaftig (*ṣādiq*) in seinem Versprechen, und er war ein Gesandter und ein Prophet" (19, 54). „Und gedenke im Buche des Idrīs[224], er war ein Ṣiddīq, ein Prophet" (19, 56).

Ibn ʿAbbās sagt: „Wenn einer vier Dinge besitzt, so hat er gewonnen. Es sind dies: Wahrhaftigkeit, Schamgefühl, guter Charakter und Dankbarkeit."

Bishr b. al-Ḥārith[225] sagt: „Wer in Aufrichtigkeit mit Gott verkehrt, der zieht sich vor den Menschen zurück."

223 *Ṣiddīq* ist in Wirklichkeit sicherlich das hebräisch-aramäische *Ṣaddīq*, es wurde aber im Arabischen, der Bedeutung der Wurzel *ṣdq* entsprechend, als der „ganz Wahrhaftige" gedeutet.

224 Vgl. *Enzykl. des Islam* II.

225 al-Ḥāfī (der Barfüßler), gest. 226 (841) oder 227, vgl. *Enzykl. des Islam* I, 762.

Abū ʿAbd Allāh ar-Ramlī erzählt: „Ich sah im Schlafe den Manṣūr ad-Dīnawarī und fragte ihn: ‚Was hat Gott mit dir gemacht?' ‚Er hat mir verziehen', antwortete er, ‚und mich begnadigt und mir gegeben, was ich nicht erhoffte.' ‚Was ist das Beste', fragte ich weiter, ‚was der Mensch Gott d. A. bieten kann?' ‚Die Wahrhaftigkeit', antwortete er, ‚und das Schlimmste, was er ihm bieten kann, ist die Lüge.'"

Abū Sulaimān [ad-Dārānī] sagt: „Mache die Wahrhaftigkeit zu deinem Reittier, den Augenblick (*waqt*)[226] zu deinem Schwert und Gott d. A. zum Ziel deines Strebens."

Als jemand den Ḥakīm[227] fragte: „Was verstehst du unter wahrhaftig", antwortete er: „Wenn du wahrhaftig wärest, würdest du die Wahrhaftigen kennen."

Von Muḥammed b. ʿAlī al-Kattānī [322 = 933/34] wird der Ausspruch berichtet: „Wir fanden die Religion Gottes d. A. gebaut auf drei Säulen, dem Guten, der Wahrhaftigkeit und der Gerechtigkeit, das Gute betrifft die Glieder, die Gerechtigkeit das Herz und die Wahrhaftigkeit den Intellekt."

An-Nūrī[228] sagte über das Gotteswort (39, 60): „Und am Tage der Auferstehung wirst du diejenigen, welche wider Gott logen, sehen mit geschwärzten Gesichtern" folgendes: „Das sind jene, die behaupteten, Gott zu lieben, aber nicht wahrhaftig waren."

Gott hat dem David, gebenedeit sei er, geoffenbart: „Wer mir gegenüber wahrhaftig ist in seinem Innern, David, gegen den bin ich wahrhaftig vor den Menschen."

226 Vgl. über diesen Terminus besonders AL-HUJWĪRĪ, *Kashf*, S. 367 ff.

227 Gemeint ist wohl Ḥakīm b. ʿAlī b. al-Ḥusain as-Sīrgānī, vgl. *Kashf*, S. 173.

228 So M. Gemeint ist Abū 'l-Ḥasan Aḥmed b. Muḥammed an-Nūrī, gest. 397 (909); vgl. *Kashf*, S. 130. Andere Lesart: ath-Thaurī.

In einer Versammlung des Abū Bekr ash-Shiblī schrie einmal ein Mann laut auf und sprang in den Tigris.[229] Da sagte ash-Shiblī: „Wenn er wahrhaftig ist, wird Gott d. A. ihn retten, wie er Moses, den Gebenedeiten, gerettet hat; wenn er aber ein Schwindler ist, so wird er ihn ertränken, wie er den Pharao ertränkte."

Die Rechtsgelehrten und Theologen lehren einstimmig, daß in drei Dingen, wenn sie echt sind, das Heil liegt, daß aber keines vollkommen ist ohne die beiden andern; es sind das der von Neuerung und Sondermeinung (*hawā*) freie Glaube (*islām*), die Wahrhaftigkeit gegen Gott im Handeln und gesetzmäßige Nahrung.

Wahb b. Munabbih [al-Jamānī] sagt: Ich fand auf der Lade der Tora 22 Worte[230], welche die frommen Israeliten bei ihren Zusammenkünften vorlasen und miteinander studierten:

1. Der nützlichste Schatz ist das Wissen (*ʿilm*).
2. Das ergiebigste Vermögen ist das *ḥilm*.[231]
3. Der niedrigste Zustand ist der Zorn.
4. Der schönste Genosse ist die Arbeit.
5. Der häßlichste Begleiter ist die Unwissenheit.
6. Der höchste Adel ist die Gottesfurcht.[232]

229 Der Mann war von einem religiösen „Zustand" (*ḥāl*) ergriffen oder gab solches vor.

230 Der Anlaß für die Anführung dieser Liste von komparativischen (*afʿalu-*) Sprüchwörtern liegt in Nr. 14. Die Zahl 22 ist die der Buchstaben des Alphabets.

231 Eine Analyse dieses spezifisch arabischen Ideals, für das wir in unseren Sprachen keine adäquate Bezeichnung haben, siehe bei LAMMENS, *Le Berceau de l'Islam*, S. 214 ff., und desselben Verfassers Moʿāwia, S. 66-108. Es ist ein würdevolles, mit geistiger Gewandtheit gepaartes Auftreten, vielleicht am nächsten kommend der griechischen σωφροσύνη. Vgl. auch GOLDZIHER, *Mohammedanische Studien* I, 221.

232 Vgl. Nr. 26 der *100 Sprüche ʿAlī's*.

7. Die höchste Freigebigkeit ist das Aufgeben der Leidenschaft.
8. Die vorzüglichste Betätigung ist das Denken (*fikr*).[233]
9. Die schönste Handlung ist das Durchhalten (*ṣabr*).
10. Die schimpflichste Untugend ist der Hochmut.
11. Die mildeste Arznei ist die Güte.
12. Die schmerzlichste Krankeit ist die Dummheit.[234]
13. Der glaubwürdigste Bote ist die Wahrheit.
14. Der überzeugendste Beweis ist die Wahrhaftigkeit.
15. Die niedrigste Armut ist die Habsucht.
16. Der unglücklichste Reiche ist der Zusammenscharrer.
17. Das beste Leben ist die Gesundheit.
18. Die gesündeste Lebensweise ist die Enthaltsamkeit.
19. Die schönste Religionsübung ist die demütige Haltung.
20. Die beste Askese ist die Zufriedenheit.
21. Der beste Wächter ist das Schweigen.
22. Der nächste Abwesende ist der Tod.

Muḥammed b. Saʿīd al-Marwazī sagt: „Wenn du Gott in Wahrhaftigkeit suchst, so gibt dir Gott d. A. einen Spiegel in deine Hand, damit du alle Wunder dieser und der andern Welt erblickst."

Abū Bekr al-Warrāq[235] sagt: „Achte auf die Wahrhaftigkeit gegenüber Gott d. A. und auf die Güte gegenüber den Menschen."

Als man Dhū n-Nūn[236] fragte: „Gibt es eine Möglichkeit für den Menschen, seine Angelegenheiten recht zu gestalten", antwortete er: „Wir sind ob unserer Sünden verwirrt, so wollen wir nach

233 Die aristotelische *θεωρία*, contemplatio. Vgl. *Eth. Nicom.* X, 7: *κρατίστη τε γὰρ αὕτη ἐστὶν ἡ ἐνέργεια.*

234 Vgl. Nr. 31 und 32 der *100 Sprüche ʿAlī's*. Dieselbe Form weisen auch auf die Sprüche 27-30 und 80-84.

235 Vgl. *Kashf al-maḥjūb*, S. 142 f.

236 Gest. 245 (860) in Gīzeh bei Kairo. Vgl. *Enzykl. des Islam* I, 1004.

Wahrhaftigkeit streben, soweit es möglich. Die Forderungen der Sinnlichkeit zu erfüllen ist leicht für uns, ihr zu widerstehen ist schwer für uns."

Als Sahl [at-Tustarī] gefragt wurde: „Was ist die Hauptsache bei dieser Aufgabe, die wir haben?"[237], antwortete er: „Die Wahrhaftigkeit, die Freigebigkeit und der Mut." „Und weiter?" fragte man. „Die Gottesfurcht, die Scham und gesetzmäßige Nahrung," antwortete er.

Ibn ʿAbbās berichtet, daß der hochgebenedeite Prophet, über die Vollkommenheit befragt, antwortete: „Die Wahrheit reden und mit Wahrhaftigkeit handeln."

Al-Junaid erklärt das Gotteswort (Sūra 33, 8): „Damit er die Wahrhaftigen nach ihrer Wahrhaftigkeit befrage", wie folgt: „Er befragt die ihrer Meinung nach Wahrhaftigen über ihre Wahrhaftigkeit, wie Gott sie ansieht, und das ist eine gefährliche Sache."

2.

Wesen der Wahrhaftigkeit, ihre Bedeutung und ihre Stufen

Das Wort Wahrhaftigkeit wird in sechsfacher Bedeutung gebraucht: 1. für die Wahrhaftigkeit im Reden, 2. in der Intention und im Willen, 3. im Entschluß, 4. in der Ausführung des Entschlusses, 5. im Handeln, 6. in der richtigen Innehaltung aller religiösen „Stufen" (*maqāmāt*). Wem also die Wahrhaftigkeit in all diesen Bedeutungen zukommt, der ist ein *Ṣiddīq*, denn dieses Wort drückt einen besonders hohen Grad der Wahrhaftigkeit

237 Nämlich die Vollkommenheit zu erreichen.

aus. Diese[238] hat ferner verschiedene Grade; wer an einem der genannten sechs einen Anteil hat, der ist wahrhaftig in bezug auf das, worin seine Wahrhaftigkeit sich betätigt.

Die erste Wahrhaftigkeit ist die der Zunge. Sie erstreckt sich nur auf die Aussagen oder auf das, was eine Aussage einschließt oder auf eine solche hinweist. Die Aussage bezieht sich entweder auf die Vergangenheit oder die Zukunft, und hierher gehört auch das Erfüllen oder Nichterfüllen des Versprechens. Jeder Mensch muß auf seine Worte achten und darf nur mit Wahrhaftigkeit reden. Das ist die bekannteste und geläufigste Art der Wahrhaftigkeit. Wer also seine Zunge davor bewahrt, die Dinge anders darzustellen, als sie sind, der ist wahrhaftig. Diese Wahrhaftigkeit enthält ein Doppeltes[239]: erstens die Vermeidung der Zweideutigkeiten (*ma'ārīḍ*), von denen es heißt[240]: „Die Zweideutigkeiten bieten einen Ausweg (*mandūḥa*) vor der Lüge." Sie stehen nämlich auf derselben Stufe wie die Lüge, denn das an der Lüge Verpönte ist, die Sache anders darzustellen, als sie in sich ist, außer es liegt eine Notwendigkeit dazu vor und es wird unter gewissen Umständen durch das Gemeinwohl (*maṣlaḥa*) gefordert, ferner bei der Erziehung der Kinder und Frauen und dergleichen, und wenn es sich darum handelt, ein Unrecht zu verhüten, oder im Kampf mit den Feinden und um zu verhüten, daß sie hinter die Geheimnisse des Königs kommen.

In solchen Notlagen besteht die Wahrhaftigkeit darin, daß man für Gott so rede, wie es das Recht befiehlt und die Religion erfordert. Wer so redet, der ist wahrhaftig, auch wenn seine Rede die Sache anders darstellt, als sie ist. Denn die Wahrhaftigkeit ist

238 J. *hum* „sie", M. *huwa* „er", d. h. *aṣ-ṣidq*.

239 Eigentlich: „zwei Vollkommenheiten" (*kamālāni*).

240 In einer auch von al-Bukhārī in sein Traditionswerk aufgenommenen Tradition, *Kitāb al-adab*, Nr. 106, ed. Krehl-Juynboll IV, 161, 13.

nicht Selbstzweck, sondern sie soll auf das, was recht ist, hinweisen und dazu antreiben. Man muß also nicht auf die Form, sondern auf den Sinn sehen. In einem solchen Fall darf man daher allerdings zu Zweideutigkeiten greifen, sofern das möglich ist.[241]

So pflegte der hochgebenedeite Prophet, wenn er irgendwohin reiste, sich zu verkleiden, damit nicht die Nachricht davon zu den Feinden gelange und man ihm nachstelle. Solches ist in keiner Weise Lüge. Auch sagt der hochgebenedeite Prophet: „Der ist kein Lügner, der zwischen zweien Frieden stiftet und dabei Gutes redet und Gutes berichtet."[242]

Für drei Fälle hat er erlaubt, dem Nutzen gemäß zu reden: „Wenn jemand zwei Menschen versöhnen will, wenn einer zwei Frauen hat[243] und wenn es sich um kriegerische Interessen handelt." Die Wahrhaftigkeit liegt hier in der Intention, man betrachtet also hier nur die Wahrhaftigkeit der Intention und die gute Absicht. Wenn der Zweck gut ist und die Absicht wahrhaftig und sein Wille sich nur auf das Gute richtet, so ist der Betreffende wahrhaftig, wie er auch sich ausdrücken möge. Die Zweideutigkeit dabei ist aber besser.

Wie solches geschehen kann, ersieht man aus folgender Geschichte: Es wurde jemand von einem Übeltäter gesucht, als er in seinem Hause sich befand. Da sagte er zu seiner Frau: „Zeichne

241 Auch im 24. Buch (M. VII, 522) führt der Verfasser aus, daß die Lüge nicht um ihrer selbst willen unerlaubt ist, sondern nur wegen des Schadens, der für den Belogenen oder einen Dritten daraus erwächst. Die Lüge kann sogar geboten sein, wenn der Belogene oder ein Dritter dadurch vor einem schweren Schaden bewahrt werden kann.

242 Die Texte bieten die IV. Form: *anmā*, dagegen die *Nihāya* des Ibn al-Athīr (IV, 178) *namā*, erklärt durch *ballagha*.

243 Nach einem andern Bericht: „Wenn einer mit seiner Frau redet, (um sie willfährig zu machen)."

mit deinem Finger einen Kreis, lege deinen Finger auf den Kreis und sprich: ‚Er ist nicht hier'." Auf diese Weise vermied er die Lüge und lenkte den Übeltäter von sich ab. Seine Rede war wahrhaftig, und doch besagte sie, daß er nicht im Hause sei.[244]

Die erste Vollkommenheit der Rede besteht also darin, sich vor ausdrücklicher Unwahrheit zu hüten und auch vor Restriktionen, außer im Notfall. Die zweite besteht darin, daß man die Wahrhaftigkeit auch in den Worten beobachte, mit denen man zu Gott redet, so z. B. in dem Koranvers (6, 79): „Ich richte mein Antlitz zu dem, der Himmel und Erde geschaffen hat." Denn wenn jemandes Herz von Gott d. A. abgewendet und mit weltlichen Wünschen und Begierden beschäftigt ist, so ist das Lüge. Desgleichen in dem Vers (1, 5): „Dir dienen wir, und Dich rufen wir um Hilfe an"[245]; oder (19, 30): „Ich bin Gottes Diener."[246] Denn wenn einer nicht das Wesen der „Dienerschaft" besitzt und außer Gott ein anderes Ziel hat, so ist seine Rede nicht wahrhaftig, und wenn er am jüngsten Tage Rechenschaft ablegen muß über die Wahrhaftigkeit des von ihm ausgesprochenen Satzes: ‚Ich bin Gottes Diener', so kann er keine richtige Erklärung geben; wenn er nämlich ein Diener seiner selbst oder der Welt oder seiner Leidenschaften ist, so ist er nicht wahrhaftig in seiner Rede. Denn der Mensch ist

244 Es sei ausdrücklich darauf aufmerksam gemacht, daß unser Autor eine derartige Zweideutigkeit oder restrictio mentalis nur solchen gegenüber für statthaft hält, die kein Anrecht auf die Wahrheit haben, denen gegenüber somit auch die offene Unwahrheit erlaubt wäre. Befremdlich ist nur, daß er da überhaupt noch jene Restriktionen empfehlen zu müssen glaubt. Es ist das offenbar eine Inkonsequenz seiner Theorie.

245 Der zweite Teil fehlt bei J.

246 Hier im Munde Jesu. Sūra 72, 19 wird Muḥammed mit diesem Namen (*'Abd Allāh.*) bezeichnet. Er ist nach M. überhaupt der einzige, dem er im wirklichen Sinne zukommt, alle übrigen Menschen können nur im übertragenen Sinne so genannt werden.

der Diener von all dem, dem er wirklich dient,[247] wie Jesus der Gebenedeite sagt: „O ihr Diener der Welt." Und unser Prophet, hochgebenedeit sei er, sagt: „Verflucht sei der Diener des Dīnārs und der Diener des Dirhems, der Diener des Mantels und der Diener des Hemdes."

Jeder, der mit seinem Herzen einer Sache dient, heißt deren Diener, der rechte Diener Gottes aber ist derjenige, der fürs erste von allem, was nicht Gott ist, entledigt und vollkommen frei geworden ist. Wenn diese Freiheit vorausgegangen ist, so wird das Herz aufnahmefähig, und es kehrt darin ein die Dienstbarkeit (*ʿubūdīya*) gegen Gott. Sie beschäftigt ihn mit Gott und der Liebe zu ihm und nimmt ihn innerlich und äußerlich in Anspruch durch seinen Dienst, so daß er nichts will außer Gott d. A. Dann steigt ein solcher manchmal auf zu einer höheren Stufe, diese heißt „Freiheit" und besteht darin, daß er auch des Willens auf Gott entledigt wird, insofern er Gott ist,[248] und sich mit dem begnügt, was Gott für ihn will, sei es Annäherung oder Entfernung, so daß sein Wille im Willen Gottes d. A. aufgeht. Ein solcher Diener ist aller Dinge ledig außer Gott und ist frei geworden, dann wird er auch seiner selbst ledig und noch einmal frei, er verliert sich selbst und existiert nur noch für seinen Herrn und Gebieter; wenn er ihn bewegt, so bewegt er sich, und wenn er ihn ruhen läßt, so bleibt er in Ruhe, und wenn er ihn prüft, so ist er es zufrieden, er hat nicht mehr die Möglichkeit, etwas zu verlangen, sich einer Sache zu- oder von ihr abzuwenden, sondern er ist in Gottes Hand wie der Leichnam in der Hand des Leichenwäschers.[249]

247 J. *taqayyada*, M. *taʿabbada*. – Vgl. Röm. 6, 16, 2. Petr. 2,19. [Hölscher.]

248 *huwa*, M. *huwa huwa*.

249 Später wird dieses Bild auch vom Verhältnis des Novizen zum Meister gebraucht. Vgl. GOLDZIHER, *Vorlesungen über den Islam*, S. 190 f.

Das ist die höchste Wahrhaftigkeit in der „Dienstbarkeit" gegen Gott d. A.[250]

Der wirkliche Diener ist also derjenige, dessen Sein nicht ihm selbst, sondern seinem Herrn gehört, das ist die Stufe der *Ṣiddīqūn* (der ganz Wahrhaftigen). Die Freiheit von dem, was nicht Gott ist, kennzeichnet die verschiedenen Stufen der Wahrhaftigen, und darnach kommt die eigentliche „Dienstbarkeit" (*ʿubūdīya*) gegen Gott d. A.; wer aber noch davor sich befindet,[251] verdient nicht Ṣādiq oder Ṣiddīq genannt zu werden. Das ist also mit der Wahrhaftigkeit im Reden gemeint.

Die zweite Wahrhaftigkeit, nämlich die in der Absicht und dem Willen, fällt zusammen mit dem *ikhlāṣ*, welches darin besteht, daß man in seinem Tun und Lassen von keinem anderen Motiv bestimmt wird als von Gott d. A.

Wenn nämlich hierbei ein natürliches Interesse mit im Spiele ist, so wird die Wahrhaftigkeit der Absicht aufgehoben, und man kann den betreffenden Lügner[252] nennen entsprechend der Tradition von den dreien, die wir im Abschnitt über den hohen Wert der reinen Absicht angeführt haben,[253] wo der Gelehrte gefragt wird, was er mit seinem Wissen gemacht habe, und er antwortet: „Das und das", und Gott d. A. entgegnet: „Du lügst, du hast vielmehr gewollt, daß man sage: Der und der ist ein Gelehrter"; er nennt ihn nämlich nicht deswegen Lügner, weil er nicht so getan hätte,[254] sondern wegen seines Willens und seiner Absicht.

250 *lillāhi taʿālā* fehlt bei M.

251 d. i. wer jene Freiheit noch nicht erreicht hat.

252 M. falsch *ṣādiqan* „wahrhaftig".

253 Oben S. 78 f.

254 Wörtlich: „und sagt zu ihm nicht: ‚Du hast es nicht getan'."

Ein anderer[255] sagt: „Die Wahrhaftigkeit ist die Richtigkeit des *tauḥīd* (Einsmachens) im Streben." – So ist auch das Gotteswort (63, 1) zu verstehen: „Und Gott bezeugt, daß die Heuchler Lügner sind." Sie hatten wohl gesagt: „Du bist der Gesandte Gottes" (63, 1), und das ist richtig, aber Gott nennt sie dennoch Lügner, nicht um dessen willen, was sie mit der Zunge redeten, sondern um dessen willen, was sie im Herzen verbargen; das Wort „Lügner" bezieht sich also auf die (subjektive) Aussage. Jener Satz enthält nämlich nach der Lage der Dinge eine Aussage, denn der Sprechende bringt zum Ausdruck, daß er das glaubt, was er sagt. Er lügt[256] folglich in dem, was er nach der Lage der Dinge als seine innere Überzeugung ausgibt; darum also wird er Lügner genannt[257] und nicht wegen des Inhalts seiner Aussage. So fällt demnach eine der Bedeutungen der Wahrhaftigkeit mit der Reinheit der Absicht zusammen, dem *ikhlāṣ*. Jeder Wahrhaftige ist also notwendigerweise auch ein *mukhliṣ*.

Die dritte Art von Wahrhaftigkeit ist die Wahrhaftigkeit des Vorsatzes. Der Mensch faßt bisweilen einen Vorsatz, etwas zu tun, und sagt z. B. bei sich selbst: „Wenn Gott mir Vermögen verleiht, so werde ich es ganz oder zur Hälfte als Almosen spenden" oder „wenn ich im Kampfe für die heilige Sache einem Feind begegne, so will ich ihn rücksichtslos bekämpfen, und ich mache mir nichts daraus, auch wenn ich dabei umkomme", oder „wenn mir Gott d. A. ein Amt gibt, so will ich es gerecht verwalten und Gott d. A. nicht durch Ungerechtigkeit und Parteilichkeit beleidigen." Diesen Entschluß findet er manchmal bei sich als einen kräftigen, entschiedenen und wahrhaften Entschluß, manchmal aber gibt es

255 Nach al-Qushairī (*Risāla*, S. 97 , 19) ist es al-Wāsiṭī. vgl. *Kashf*, S. 154.

256 Ob man *kadhaba*, „er lügt", oder *kudhdhiba*, „er wird Lügner genannt", liest, ist für den Sinn unwesentlich.

257 Siehe Anm. 256.

darin eine gewisse Unentschiedenheit, ein Schwanken und eine Schwäche, die der Wahrhaftigkeit des Entschlusses entgegensteht. Wahrhaftigkeit bedeutet hier Kraft und Vollkommenheit, wie man sagt: Der und der hat einen „wahrhaften" Appetit, und dieser Kranke hat einen täuschenden Appetit, wenn sein Appetit nicht eine positive kräftige Ursache hat oder nur schwach ist. Manchmal wird der Ausdruck *ṣidq* absolut in diesem letzteren Sinne gebraucht, und *ṣādiq*, *ṣiddīq* heißt derjenige, bei dem der Entschluß für alles Gute vollkommen kräftig ist, ohne Unentschiedenheit, Schwäche und Schwanken, dessen Seele sich immer auszeichnet durch einen dauernden und entschiedenen Entschluß für das Gute, so wie der selige ʿOmar sagte: „Ich will lieber hingehen und mir den Kopf abschlagen lassen, als den Befehl übernehmen über Leute, bei denen Abū Bekr ist"; denn er fand bei sich den entschiedenen Entschluß und den wahrhaften Willen, keinen Befehl zu übernehmen, solange der selige Abū Bekr da sei, und er bekräftigte das, indem er vom Töten sprach.

Es gibt verschiedene Grade der Wahrhaftigkeit der Entschlüsse. Es ist manchmal ein Entschluß vorhanden, er reicht aber nicht so weit, daß der Betreffende dafür sterben möchte. Gesetzt aber, es wird ihm die Wahl gelassen,[258] und er schwingt sich nicht so weit auf, selbst wenn man ihm jene Geschichte vom Töten vorhält, so ist deswegen sein Entschluß noch nicht hinfällig. Es gibt ja auch unter den Wahrhaftigen und den Gläubigen solche, denen ihr eigenes Leben lieber wäre als das des Abū Bekr, wenn ihnen die Wahl gelassen würde, daß sie selbst getötet werden sollten oder Abū Bekr.

258 Statt *khly* des Textes, dem kein Sinn abzugewinnen ist, lese ich *khyr*, d. i, *khuyyira*, „er wird vor die Wahl gestellt", entweder seinen Vorsatz zu brechen oder zu sterben.

Die vierte Wahrhaftigkeit bezieht sich auf das Halten des Vorsatzes. Denn die Seele ist manchmal hochherzig im Entschluß für den Augenblick, da das Versprechen und der Vorsatz keine Beschwerden machen und die Mühe dabei gering ist. Wenn es aber die Verwirklichung gilt und sich's darum handelt, fest zu bleiben, und die Leidenschaften toben, so wird der Vorsatz gebrochen, die Leidenschaften siegen, und die Ausführung entspricht nicht dem Entschluß. Das ist der Gegensatz der Wahrhaftigkeit in der Ausführung. Deshalb sagt Gott (Sūra 33, 23): „Männer, die wahrhaftig waren in dem, was sie Gott gelobt."

Anas b. Mālik berichtet, daß sein Oheim Anas b. an-Naḍr nicht bei Badr mit dem hochgebenedeiten Propheten zusammen war. Das tat ihm in der Seele leid, und er sprach: „Bei der ersten Schlacht, die der hochgebenedeite Prophet zu bestehen hatte, war ich nicht dabei, aber bei Gott, wenn mich Gott an einem Kampf auf seiten des hochgebenedeiten Propheten teilnehmen läßt, so soll Gott sehen, was ich tue." Tatsächlich nahm er im folgenden Jahr bei Uḥud[259] teil. Da kam ihm Saʿd b. Muʿādh entgegen und fragte ihn: „Wohin, Abū ʿOmar?"[260] „Hei!" rief dieser, „zum ‚Duft' des Paradieses, fürwahr ich finde seinen ‚Duft' bei Uḥud." Dann kämpfte er, bis er fiel, und man fand an seinem Körper mehr als achtzig Wunden, Schuß-, Hieb- und Stichwunden, so daß seine Schwester Bint an-Naḍr sagte: „Ich erkannte meinen Bruder nur an seinen Kleidern."[261] Da wurde der folgende Vers

259 Die Schlacht bei Badr fand im Jahre 2, die bei Uḥud im Jahre 3 der Hidschra statt.

260 Nach M. liegt hier insofern ein Versehen des Verfassers vor, als „Abū ʿOmar" nicht die Kunya des Anas b. an-Naḍr ist, sondern die des Saʿd b. Muʿādh.

261 So der Text: *bi-thiyābihi*. Das Richtige aber wäre nach M.: *bi-banānihi*, „an seinen Fingern". So auch Ibn Hishām, *Sīra*, S. 574. Bei Ṭabarī, *Annales* I, 1406, 13 noch die Lesart: *bi-ḥusn banānihi*, „an der Schönheit seiner Finger".

(Sūra 33, 23) geoffenbart: „Männer, die wahrhaftig waren in dem, was sie Gott gelobt."

[Einer anderen Tradition zufolge] trat der hochgebenedeite Prophet zu Muṣʿab b. ʿUmair, der in der Schlacht von Uḥud als Märtyrer auf sein Gesicht gefallen war – er war der Fahnenträger des hochgebenedeiten Propheten gewesen –, und er rezitierte: „Männer, die wahrhaftig waren in dem, was sie Gott gelobt. Manche von ihnen haben schon ausgekämpft, und manche warten noch."

Fuḍāla b. ʿUbaid[262] berichtet vom seligen ʿOmar b. al-Khaṭṭāb die Worte: Ich hörte den hochgebenedeiten Propheten sagen: „Es gibt vier Klassen von Märtyrern. Der eine ist ein Mann mit rechtem Glauben, er trifft auf den Feind und ist wahrhaftig gegen Gott, bis er getötet wird. Das ist ein solcher, zu dem am jüngsten Tage die Menschen die Augen erheben werden." Dabei hob er seinen Kopf, so daß ihm die Mütze herunterfiel. Ich weiß nicht, bemerkt der Überlieferer, ob es die Mütze ʿOmars war oder die des hochgebenedeiten Propheten.[263]

„Der andere ist ein Mann mit tüchtigem Glauben; da er dem Feind begegnet, trifft ihn, wie wenn ihm ein dorniger Akazienzweig ins Gesicht geschlagen würde, ein Pfeil von unbekannter Hand und tötet ihn. Er befindet sich auf der zweiten Stufe. Der dritte ist ein gläubiger Mann mit guten und bösen Taten durcheinander, er trifft auf den Feind und ist Gott getreu, bis er getötet wird. Er befindet sich auf der dritten Stufe. Ein [vierter] Mann hat sich sträflich vergangen, er trifft auf den Feind und ist Gott getreu, bis er fällt. Er befindet sich auf der vierten Stufe."

Mujāhid erzählt: Es gingen zwei Männer hinaus zu Leuten, die da saßen, und sie sprachen: „Wenn uns Gott d. A. Vermögen beschert,

262 Gest. 53 (672/73) oder später in Damaskus.

263 Weil es unsicher ist, ob der vorausgehende Satz zum Bericht des Fuḍāla oder zu dem des ʿOmar gehört.

so wollen wir Almosen geben." Sie behielten es aber für sich. Da erfolgte die Offenbarung (Sūra 9, 75): „Es gibt unter ihnen welche, die Gott gelobten: ‚Wenn wir von ihm Segen erlangen, so wollen wir Almosen spenden und zu denen gehören, die Gutes tun'." Ein anderer sagt: Es handelte sich um eine Sache, die sie sich innerlich vorgenommen, aber nicht ausgesprochen hatten; da erfolgte jene Offenbarung (9, 75-77): „Es gibt unter ihnen welche, die Gott gelobten: ‚Wenn wir von ihm Segen erlangen, so wollen wir Almosen spenden und zu denen gehören, die Gutes tun.' Als er ihnen aber von seinem Segen gespendet, da geizten sie damit und kehrten sich ab, den Rücken wendend. Und so ließ er Heuchelei nachfolgen in ihren Herzen bis zu dem Tag, da sie mit ihm zusammentreffen, weil sie Gott nicht gehalten, was sie gelobt, und weil sie gelogen."

Er (Gott) nahm also den Entschluß als ein Versprechen, die Nichtausführung desselben als eine Lüge und seine Ausführung als Wahrhaftigkeit. Und diese Wahrhaftigkeit bedeutet mehr als die an dritter Stelle genannte. Denn die Seele ist manchmal freigebig im Entschließen, bei der Erfüllung aber versagt sie,[264] weil es ihr zu schwer wird und weil die Leidenschaft sich aufbäumt, wenn es gilt, fest zu bleiben und die Mittel anzuwenden. Deshalb machte der selige ʿOmar einen Zusatz und sagte: „Lieber möchte ich hingehen und mir den Kopf abhauen lassen, als den Befehl übernehmen über Leute, unter denen Abū Bekr ist, es sei denn, daß mir meine Natur (*nafs*) vor dem Töten etwas einredet, dessen ich mir jetzt nicht bewußt bin; denn ich bin nicht sicher, ob ihr das nicht zu hart ankommt und sie ihren Entschluß nicht ändert." Damit deutete er darauf hin, wie schwer es sei, den Vorsatz zu halten.

264 *yaksaʿu* eigentlich „zieht den Schwanz ein", Var. *yakīʿu*, „unterläßt es aus Furcht".

Abū Sa'īd al-Kharrāz sagt: „Ich sah im Traume zwei Engel vom Himmel herabsteigen, und sie fragten mich: ‚Was ist Wahrhaftigkeit?' ‚Seinen Vorsatz halten', antwortete ich. ‚Richtig geantwortet', erwiderten sie und stiegen wieder zum Himmel hinauf."

Fünftens die Wahrhaftigkeit in den Werken besteht darin, sich in acht zu nehmen, daß nicht die äußeren Werke auf etwas im Innern hinweisen, das nicht vorhanden ist, nicht so, daß man die Werke unterläßt, sondern daß man das Innere dahin bringt, daß es dem Äußeren entspricht. Das ist die Kehrseite von dem, was wir über die Vermeidung der Augendienerei gesagt haben, denn der Augendiener bezweckt gerade dieses. Mancher dagegen, der im Gebet eine fromme Haltung einnimmt, bezweckt nicht, daß andere auf ihn sehen, aber sein Herz ist zerstreut und nicht beim Gebet; wer ihn jedoch sieht, der meint, er stehe vor Gott d. A., während er innerlich auf dem Markt steht vor irgendeinem Gegenstand der sinnlichen Begierde. Diese Handlungen[265] drücken nämlich durch die „Sprache der Tatsachen" (*lisān al-ḥāl*) etwas aus, womit er lügt, während doch die Wahrhaftigkeit in den Handlungen von ihm gefordert wird.

Oder es schreitet ein Mann ernst und gemessen einher, während ihm doch der innerliche Ernst abgeht. Ein solcher ist nicht wahrhaftig in seinem Tun, wenn er auch nicht auf die Menschen achtet und bei ihnen Eindruck zu machen sucht. Er kann sich davon nur dadurch befreien, daß sein Inneres so wird wie sein Äußeres oder[266] besser als sein Äußeres. Aus Furcht davor entschlossen sich manche, ihr Äußeres zu verunstalten und sich wie Übeltäter zu kleiden, damit man nicht gut von ihnen denke wegen ihres Äußeren und sie nicht durch das, was ihr Äußeres von

265 Die fromme Haltung beim Gebet usw.

266 M. *au*, J. *wa*, „und".

ihrem Inneren ausdrückt, zu Lügnern würden.[267] Wenn also der Widerspruch des Äußeren mit dem Inneren beabsichtigt ist, so heißt das Augendienerei, und sie hebt die reine Absicht (*ikhlāṣ*) auf, ist er aber nicht beabsichtigt, so wird die Wahrhaftigkeit (*ṣidq*) aufgehoben. Deshalb sagt der hochgebenedeite Prophet: „Mein Gott, mach das Verborgene in mir besser als das Sichtbare und mach das, was sichtbar ist, gut." Und Yazīd b. al-Ḥārith sagt: „Wenn das Verborgene und Sichtbare bei einem Menschen gleich sind, so ist das in Ordnung, und wenn das Innere besser ist als das Äußere, so ist das ein Vorzug, wenn aber sein Äußeres besser ist als sein Inneres, so ist das Ungerechtigkeit."

Dasselbe wird ausgedrückt durch die Verse:

„Wenn beim Gläubigen Inneres und Äußeres sich entsprechen,
ist geehrt er hier und dort oben und des Lobes wert.
Wenn aber das Äußere widerspricht dem Innern,
was hat er bei seiner Anstrengung für ein Verdienst
außer der Mühe und Plage?
So kursiert der echte Dīnār auf dem Markte,
den falschen aber weist man zurück,
weil dem Gewicht er nicht entspricht."

'Uqba[268] b. 'Abd al-Ghāfir sagt: „Wenn das Verborgene bei einem Gläubigen übereinstimmt mit dem Sichtbaren, so rühmt ihn Gott vor den Engeln mit den Worten: „Das ist in Wahrheit ein Diener von mir."

267 Solches war, wie M. bemerkt, im Orden der Naqshbandī üblich, dem er selbst angehörte. Vgl. über diese sonst *malāmatīya*, „Leute des Tadels" genannte Richtung, GOLDZIHER, *Vorlesungen über den Islam*, S. 168.

268 Dieser (gest. 183 = 799) ist nach M. gemeint statt des im Texte stehenden 'Aṭīya.

Muʿāwiya b. Qurra [gest. 113 = 731] sagt: „Wer zeigt mir, wie ich des Nachts weinen, des Tages fröhlich sein kann?"[269]

ʿAbd al-Wāḥid [b. Zaid al-Baṣrī] erzählt: „Wenn Ḥasan [al-Baṣrī] etwas aufgetragen wurde, so tat er es besser als irgendein Mensch, und wenn ihm etwas verboten wurde, unterließ er es wie kein anderer Mensch. Nie habe ich jemanden gesehen, bei dem Inneres und Äußeres einander besser entsprochen hätten."

Abū ʿAbd ar-Raḥmān, der Asket, pflegte zu sagen: „Mein Gott, im Verkehr mit den Menschen bin ich getreu, aber im Verkehr mit Dir übe ich Verrat", und dabei weinte er.

Abū Yaʿqūb an-Nahraghūrī[270] sagt: „Die Wahrhaftigkeit ist die Übereinstimmung mit der Wahrheit innerlich und äußerlich."

Die Gleichheit des Innern und des Äußern ist also eine der Arten der Wahrhaftigkeit.

Die sechste Wahrhaftigkeit ist der höchste und vornehmste Grad, nämlich die Wahrhaftigkeit in den religiösen Stufen (*maqāmāt*) wie Furcht, Hoffnung, Verehrung, Weltentsagung, Ergebung, Liebe, Vertrauen usw. Es gibt nämlich bei diesen Dingen Anfänge, bei deren Vorhandensein ihnen schon der Name zukommt, und es gibt bei ihnen eine eigentliche und höchste Ausgestaltung. Wahrhaftig (*ṣādiq*) und gründlich (*muḥaqqiq*) heißt nun derjenige, der das eigentliche Wesen der Sache besitzt, und wenn die Sache hervorragend zur Geltung kommt und ihr Wesen vollkommen ist, so heißt ihr Träger „wahrhaft" (*ṣādiq*) darin, wie man sagt: Das ist ein wahrhafter Kämpfer, das ist wahrhafte Furcht, das ist wahrhafte Begierde. So sagt Gott d. A. (Sūra 49, 15): „Gläubige sind nur die, welche an Gott und seinen Gesandten glauben

269 Das Weinen in der Nacht ist demnach ein verborgener Akt der Frömmigkeit. Vgl. A. J. WENSINCK, *Über das Weinen in den monotheistischen Religionen Vorderasiens*, Festschrift Eduard Sachau, S. 26 ff.

270 Genosse des Junaid, gest. 330 (941/2) in Mekka. (M.)

und hernach nicht zweifeln ...; das sind die Wahrhaftigen.“ Als Abū Dharr[271] über den Glauben gefragt wurde und er als Antwort diese Verse rezitierte, entgegnete man ihm: „Wir haben dich über den Glauben gefragt.“ „Ich fragte den Propheten über den Glauben“, erwiderte er, „da rezitierte er diesen Vers.“

Nehmen wir als Beispiel die Furcht. Jeder Mensch, der an Gott und den jüngsten Tag glaubt, fürchtet Gott mit einer Furcht, der dieser Name zukommt, aber es ist keine wahrhafte Furcht, d. h. keine solche, die den Grad ihres eigentlichen Wesens erreicht. Sieht man nicht, wie der, welcher einen Fürsten oder auf der Reise einen Räuber fürchtet, sich gelb färbt, wie seine Seiten zittern und wie ihm das Leben vergällt ist, so daß er weder essen noch schlafen kann? Sein ganzes Sinnen ist auf diesen Punkt gerichtet, so daß er Familie und Kinder vernachlässigt. Manchmal wandert er sogar aus seinem Lande und vertauscht die Geselligkeit mit der Einsamkeit, die Gemächlichkeit mit Anstrengung und Entbehrung und dem Bestehen von Gefahren. All das aus Angst, daß ihn das Gefürchtete treffen könnte. Wie fürchtet man ferner das Feuer! Aber nichts dergleichen zeigt sich, wenn man in eine Sünde fällt.

Deshalb sagt der hochgebenedeite Prophet: „Ich sah nichts dem Höllenfeuer Ähnliches, wo einer, der vor ihm fliehen will, sich hingelegt hätte, und nichts dem Paradiese Ähnliches, wo einer, der es suchen will, sich hingelegt hätte.“ Diese Dinge genau zu bestimmen, ist eine sehr schwierige Sache, es gibt keine äußerste Grenze für diese Grade, so daß man sie vollkommen erreichen könnte, sondern jeder Mensch hat entsprechend seiner Verfassung davon einen bestimmten Anteil, der entweder schwach oder stark ist, und wenn er stark ist, so heißt er wahrhaftig darin. Die

271 Gest. 32 oder 33 (652-654). Vgl. *Enzykl. des Islam* I, 88.

Erkenntnis Gottes, seine Hochschätzung und die Furcht vor ihm hat aber keine Grenze. So sagte der hochgebenedeite Prophet einmal zu Gabriel, gebenedeit sei er: „Ich möchte dich in der Gestalt sehen, die deine wirkliche Gestalt ist." „Das erträgst du nicht", antwortete Gabriel. „Doch", erwiderte er, „laß sie mich sehen!" Da bestellte er ihn für eine mondhelle Nacht nach al-Baqīʿ.[272]

Der hochgebenedeite Prophet ging denn auch hin, und siehe da, der Engel versperrte den ganzen Horizont, d. h. die Seiten des Himmels. Da fiel der hochgebenedeite Prophet ohnmächtig nieder, und als er erwachte, hatte Gabriel wieder seine frühere Gestalt angenommen. „Ich hätte nicht geglaubt", sagte der hochgebenedeite Prophet, „daß je ein Geschöpf Gottes so wäre." „Wie erst", erwiderte Gabriel, „wenn du Isrāfīl gesehen hättest, auf dessen Schulter der Thron ruht und dessen Füße die ganze untere Erde erfüllen! Und doch kommt er sich vor Gottes Größe so klein vor, daß er wird wie ein *waṣaʿ*", d. h. ein kleiner Vogel. Wie groß muß die Hochschätzung und Ehrfurcht bei ihm sein, wenn sie ihn derartig überwältigt, daß er so klein wird! Mit den anderen Engeln verhält es sich nicht so, weil sie an Erkenntnis zurückstehen. Das also ist die Wahrhaftigkeit in der Ehrfurcht.

Jābir berichtet auch vom hochgebenedeiten Propheten den Ausspruch: „In der Nacht, da ich zum Himmel fuhr, kam ich an Gabriel vorbei, er stand in der obersten Reihe wie ein schäbiger *ḥils* – das ist die Decke, die man über das Kamel breitet – aus Ehrfurcht vor Gott dem Allerhöchsten." So waren auch die Genossen „Fürchtende", aber sie erreichten nicht die Furcht des hochgebenedeiten Propheten, deshalb sagt Ibn ʿOmar: „Du erreichst nicht das wahre Wesen des Glaubens, bevor du die Menschen

272 Vollständig Baqīʿ al-Gharqad, der Friedhof von Medina. Vgl. *Enzykl. des Islam* I, 628.

nicht insgesamt für Unvernünftige (*ḥamqā*) hältst in bezug auf ihr Verhältnis zu Gott (*fī dīnihim*)."

Ähnlich Muṭrif: „Es gibt keinen Menschen, der nicht ein Unvernünftiger wäre in seinem Verhältnis zu Gott, nur daß der eine Unvernünftige noch leichtfertiger ist als der andere." Und der hochgebenedeite Prophet: „Der Mensch gelangt nicht zum rechten Glauben, bevor er nicht die Menschen neben Gott als Vieh betrachtet, dann zu sich selber zurückkehrt und sich am allerverächtlichsten findet."

Der Wahrhaftige ist also auf allen Stufen selten, dabei sind die Grade der Wahrhaftigkeit ohne Zahl. Auch ist mancher in gewissen Dingen wahrhaftig, in anderen nicht. Ist er es aber in allen, so ist er ein Ṣiddīq im vollen Sinne des Wortes. Sa'd b. Mu'ādh sagt: „In drei Dingen bin ich stark, in allen übrigen aber schwach. Ich habe, seit ich mich zum Islam bekehrt, nie gebetet und dabei an andere Dinge gedacht, bis ich mit dem Gebet fertig war. Ich bin nie mit einer Leiche gegangen und habe dabei an etwas anderes gedacht, als was sie sagte und was zu ihr gesagt wurde,[273] bis wir mit ihrer Beerdigung fertig waren. Ich habe nie den hochgebenedeiten Propheten etwas sagen hören,[274] ohne daß ich wußte, daß es Wahrheit sei." „Ich hätte nicht geglaubt", bemerkt dazu Ibn

273 „Was sie sagte", d. h. die frommen Anregungen, zu denen sie Anlaß gibt (vgl. M. X, 348 ff.). „Was zu ihr gesagt wurde", vielleicht die Rede, mit der den Traditionen zufolge das Grab den Toten empfängt (M. X, 395 ff.); auch seine guten Werke schließen sich im Kreis herum und halten eine Ansprache an ihn. Schwerlich zu denken ist wohl an die dem Toten gegebene Instruktion (*talqīn*), von der LANE, *Manners and customs* [5], S. 523, handelt, die aber von den Mālikiten verpönt wird und über deren Alter mir nichts bekannt ist.

274 So der Text. Sollte vielleicht vor *sami'tu* ein *qultu* einzufügen sein? Dann wäre zu übersetzen: „Ich habe nie behauptet, ich habe den Propheten sagen hören" usw., d. h. ich habe nie eine falsche Tradition von ihm verbreitet [...].

Musayyab[275], „daß diese Eigenschaften in ihrer Gesamtheit einem anderen zukommen als dem hochgebenedeiten Propheten."

Das also ist Wahrhaftigkeit in den genannten Dingen. Wie viele der hervorragendsten Genossen haben das Gebet verrichtet und Leichenbegängnisse begleitet, ohne diese Stufe zu erreichen.

Damit haben wir die verschiedenen Stufen der Wahrhaftigkeit, und was sie bedeuten, aufgeführt. Die zitierten Aussprüche von Geistesmännern über das wahre Wesen der Wahrhaftigkeit beziehen sich zunächst nur auf die eine oder andere dieser [sechs] Bedeutungen. Allerdings sagt Abū Bekr al-Warrāq: „Die Wahrhaftigkeit ist eine dreifache: die Wahrhaftigkeit im Einheitsbekenntnis, die Wahrhaftigkeit im Gehorsam und die Wahrhaftigkeit in der Erkenntnis. Die erste geht alle Gläubigen an, entsprechend dem Gotteswort (49, 15): ‚Und die, welche an Gott und seinen Gesandten glauben, das sind die Wahrhaftigen.' Die zweite betrifft die Gelehrten und Frommen, die dritte betrifft die Heiligen (*ahl al-wilāya*), welche die Säulen[276] der Erde sind." All das bezieht sich auf die von uns an sechster Stelle aufgeführte Wahrhaftigkeit. Aber auch er hat nur einzelne Abteilungen aufgezählt, in denen die Wahrhaftigkeit zutage tritt, ohne alle Arten zu erschöpfen.

Jā'far aṣ-Ṣādiq[277] sagt: „Die Wahrhaftigkeit besteht darin, den geistlichen Kampf zu kämpfen (*mujāhada*) und nichts Gott vorzuziehen, so wie Er dir keinen anderen vorzieht gemäß dem, was er sagt (Sūra 22, 78): ‚Er hat euch erwählt.'"

275 Der Überlieferer des Sa'd b. Mu'ādh. Die Bemerkung bezieht sich nur auf die ersten beiden Eigenschaften.

276 Eigentlich „Zeltpflöcke' (*autād*).

277 Der sechste der zwölf Imame, gest. 148 (765). Vgl. *Enzykl. des Islam* I, 1035 f.

Moses, gebenedeit sei er, erhielt von Gott d. A. folgende Offenbarung: „Wenn ich einen Menschen liebe, so prüfe ich ihn mit einer Prüfung, wie die Berge sie nicht aushalten können, um zu sehen, wie es mit seiner Wahrhaftigkeit bestellt ist. Finde ich ihn tapfer (*ṣābir*), so nehme ich ihn als Vertrauten und Freund an, finde ich ihn aber verzagt, und beklagt er sich gegen mich bei meinen Geschöpfen, so lasse ich ihn im Stiche und kümmere mich nicht weiter um ihn.“ Zu den Merkmalen der Wahrhaftigkeit gehört also auch dieses, sein Mißgeschick sowohl wie seine guten Taten zu verbergen und nicht zu wünschen, daß die Menschen davon Kenntnis erlangen.

* *
*

Gliederung des Gesamtwerkes

Imām al-Ghazālīs
„Wiederbelebung der Religionswissenschaften“
Iḥyā ʿulūm ad-dīn

I. VIERTEL
DER GOTTESDIENSTE:

1. Buch des Wissens.
2. Buch der Glaubenslehre.
3. Buch von den Geheimnissen der Reinigung.
4. Buch von den Geheimnissen des Gebetes.
5. Buch von den Geheimnissen der Zakāh.
6. Buch von den Geheimnissen des Fastens.
7. Buch von den Geheimnissen der Pilgerfahrt.
8. Buch der Ethik der Quranrezitation.
9. Buch der Bittgebete und des Dhikr.
10. Buch der Awrād und Nachtgebete.

II. VIERTEL
DER LEBENSANGELEGENHEITEN:

11. Buch der Eßsitten.
12. Buch der Ehe.
13. Buch der Ethik des Verdienstes, des Lebensunterhalts.
14. Buch des Erlaubten und Verbotenen.
15. Buch der Freundschaft, Brüderlichkeit und des Umgangs mit unterschiedlichen Menschen.
16. Buch der Isolation.
17. Buch des Reisens.
18. Buch des Hörens.
19. Buch des Gutes zu Gebietenden und Schlechtes zu Verbietenden.
20. Buch des Charakters des Propheten.

III. VIERTEL
DER VERDERBENBRINGENDEN:

21. Buch der Wunder der Herzen.
22. Buch des Übens und der Erläuterung.
23. Buch des Brechens der Begierden.
24. Buch der Sünden der Zunge.
25. Buch der Mißbilligung von Zorn, Haß und Neid.
26. Buch der Mißbilligung des irdischen Lebens (Diesseits).
27. Buch der Mißbilligung von Geiz und Habgier.
28. Buch der Mißbilligung von Scheinheiligkeit.
29. Buch der Mißbilligung von Hochmut und Selbstsucht.
30. Buch der Mißbilligung von Arroganz.

IV. VIERTEL
DER RETTENDEN:

31. Buch der Reue.
32. Buch der Geduld und Dankbarkeit.
33. Buch der Gottesfurcht und Hoffnung.
34. Buch der Askese und Armut.
35. Buch des Gottesvertrauens und des Tawḥīd.
36. Buch der Liebe, Sehnsucht, Geborgenheit und Zufriedenheit.
37. Buch der reinen Absicht, Aufrichtigkeit und Wahrhaftigkeit.
38. Buch der Achtsamkeit und der Abrechnung mit sich selbst.
39. Buch des Denkens.
40. Buch der Erinnerung an den Tod und dessen, was danach kommt.

Weitere Titel Imām Ghazālīs bei Spohr

Abū Ḥāmid Muḥammad al-Ghazālī

Die kostbare Perle im Wissen des Jenseits

ad-dūratu l-fākhira fi kashfi ʿulūm al-ākhira
a. d. Arab. v. Mohamed Brugsch
112 Seiten, Broschur,
9,00 Euro / 14,00 CHF
ISBN 978–9963–40–047–8
[978–3–927606–47–2]

Die kostbare Perle im Wissen des Jenseits von Imām al-Ghazālī gehört zu den Werken der Weltliteratur, und es enthüllt das Wissen vom Weg der menschlichen Seele nach dem Tod in Schilderungen erstaunlicher, horribler, aber auch erquickender Dinge, deren Kenntnis für alle lebenden Wesen von zentraler, ja existentieller Bedeutung ist.

Weitere Titel Imām Ghazālīs bei Spohr

Abū Ḥāmid Muḥammad al-Ghazālī

Das Buch der Ehe

kitāb ādābi n-nikāḥ
a. d. Arab. v. Hans Bauer
176 Seiten, Broschur,
14,00 Euro / 22,00 CHF
ISBN 978-9963-40-048-5
[ISBN 978-3-927606-48-7]

Das Buch der Ehe oder genauer das Buch des rechten Benehmens in der Ehe (*kitāb ādābi n-nikāḥ*), das 12. Buch der *Iḥyā' 'ulūm ad-dīn*, vereinigt die wichtigsten Auskünfte der Tradition zu Fragen der Ehe und ist ein unverzichtbarer Grundtext, Klassiker islamkundlichen Wissens. In ihm wird in wunderbarer Klarheit deutlich, was unser Schöpfer, der uns liebt und nach uns sieht, von uns wünscht, sofern wir Mann und Frau sind.

Das vor 900 Jahren geschriebene Werk der Weltliteratur, das hier erstmals vollständig in deutscher Sprache erscheint, könnte eine neue Perspektive eröffnen, eine Besinnung auf das, was gut und wahr und schön war und wieder werden könnte. Denn Mann und Frau treten hier noch als vollblütige Wesen auf, richtige Männer und richtige Frauen – *tertium non datur!* –, zwischen denen es jederzeit funken, blitzen und donnern kann, wovon heftigste Ehekräche im Haushalt des Propheten erfrischendes Zeugnis geben.

Eine islamisch orientierte Neubesinnung auf das, worin sich Mann und Frau gerade unterscheiden, könnte nicht bloß einen frischen Wind ins europäische Eheleben bringen, sondern auch das Verlangen nach Kindern entscheidend befördern.

Gesetzt aus einer
modifizierten Van Dijk.

<u>Niyah</u>
besteht aus 1.) Erkenntnis, Kenntnis der Dinge + Taten
2.) Willen, Taten zu begehen
3.) Kraft, Taten auszuüben

Bsp: Essen, das man erkennt, dann will man es und braucht noch Kraft + Fähigkeit es zu essen.
Man kann es auch nur sehen, aber man will es nicht.
oder man will es, aber hat keine Chance daran zu kommen.
Oder man erkennt gar nicht was es ist und ohne den Willen bringt auch die Kraft nichts.

Kraft folgt dem Willen.
Wille gehorcht der Erkenntnis.

1.) Reine Absicht (Ikhlas)
2.) 1 Absicht + Nebenabsicht (mersafaqa)
3.) 2 gleiche Absichten (musharaka)